EDGAR FEUCHTWANGER / ANTONIA COX

Kinderbriefe aus dem Exil

Kinderbriefe aus dem Exil

Edgar Feuchtwanger in England 1939

Von

Edgar Feuchtwanger
und Antonia Cox

Herausgegeben von

Anja Tuckermann

Duncker & Humblot · Berlin

Bibliografische Information der Deutschen Nationalbibliothek

Die Deutsche Nationalbibliothek verzeichnet diese Publikation in
der Deutschen Nationalbibliografie; detaillierte bibliografische Daten
sind im Internet über http://dnb.d-nb.de abrufbar.

Alle Rechte vorbehalten
© 2024 Duncker & Humblot GmbH, Berlin
Satz: Textforma(r)t Daniela Weiland, Göttingen
Druck: CPI Books GmbH, Leck
Printed in Germany

ISBN 978-3-428-19260-1 (Print)
ISBN 978-3-428-59260-8 (E-Book)

Gedruckt auf alterungsbeständigem (säurefreiem) Papier
entsprechend ISO 9706 ∞

Internet: http://www.duncker-humblot.de

Edgar in Lederhose 1936

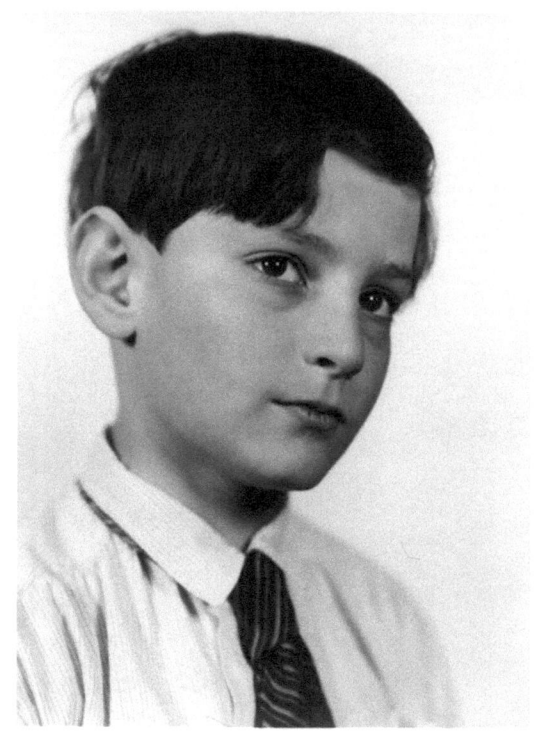

Passbild von Edgar

Vorwort

Dieses Buch dokumentiert eine bisher ausgesparte Facette aus dem Leben von Edgar Feuchtwanger: die Kinderbriefe, die er vor 85 Jahren aus dem englischen Exil an seine Eltern in München schrieb. Edgar Feuchtwanger feiert am 28. 9. 2024 seinen 100. Geburtstag in England, wo er seit seinem 14. Lebensjahr lebt. Seine Mutter Erna Rosina Feuchtwanger, geb. Rheinstrom (*1887 in Karlsruhe), und sein Vater Ludwig Feuchtwanger (*1885 in München) zogen nach Edgars Geburt in den 2. Stock der Grillparzerstraße 38 in München-Bogenhausen. Unweit ihrer Wohnung befand sich die Margarinefabrik Neumann & Feuchtwanger, gegründet von Großvater Elkan Feuchtwanger, nun geführt von Ludwigs Bruder Fritz Feuchtwanger.

Edgars Vater, der Rechtsanwalt, Verleger und Autor Ludwig Feuchtwanger, hatte acht Geschwister. Sein älterer Bruder war der weltberühmte Schriftsteller Lion, sein jüngerer Bruder Martin war Verleger in Halle a. d. Saale[1], seine Schwester Bella Journalistin und Autorin in dessen Hallenser Verlag. Der jüngste Bruder Berthold arbeitete als Kaufmann und spielte Fußball bei der Jugendmannschaft des FC Bayern[2]. Die Schwestern Franziska, Henny[3] und Medi waren verheiratet und hatten wie Bella, im Gegensatz zu den Söhnen der Familie, nicht studieren dürfen. Ludwig Feuchtwangers weit gefächertes Interesse richtete sich besonders auf die Geschichte von Religionen und Nationen. 1920 gab er die in Deutschland einflussreiche Polemik „Die wirtschaftlichen Folgen des Friedensvertrags" von John M. Keynes heraus.

Edgar Feuchtwanger hat ein wechselvolles Jahrhundert erlebt. In seinem Geburtsjahr wurde in der Weimarer Republik zweimal gewählt und allmählich stabilisierte sich nach dem Ende des Ersten Weltkriegs die Lage im Deutschen Reich. In Bayern jedoch wurde Adolf Hitler, der

---

[1] Seit 1933 war er Verleger in Prag und seit 1939 in Tel Aviv.
[2] 1934 flüchtete er nach Prag, von dort nach Peru. Er starb 1944 in Kolumbien. https://www.kurt-landauer-stiftung.de/post/berthold-feuchtwanger.
[3] Sie wurde später Israels erste Yogalehrerin.

wegen Hochverrats nach einem Putschversuch in Festungshaft saß, vorzeitig entlassen.

1933, als Edgar acht Jahre alt war, wurde Hitler zum Reichskanzler ernannt und schaffte mit seiner Partei, der NSDAP, in rasantem Tempo alle demokratischen Rechte ab. Nachdem die politischen Gegner weitgehend brutal ausgeschaltet worden waren, wurde die jüdische Bevölkerung drangsaliert, bedroht und ausgegrenzt mit dem langfristigen Ziel, sie auszurauben und zu vertreiben, später sie zu ermorden.

Im selben Jahr, am 15. 9. 1933, zog die Großmutter mütterlicherseits, Lina Karolina Rheinstrom, zur Familie in die Grillparzerstraße 38.

Edgar besuchte 1933 noch die Gebele-Grundschule, anschließend ging er auf das Maximilians-Gymnasium – bis zum Pogrom am Mittwoch, den 9. November 1938. In der Schule bekam er die wachsende Ausgrenzung und Feindschaft gegenüber Juden zu spüren. Besonders in der Grundschule wurden die Kinder seit 1933 mit der Weltanschauung der Nationalsozialisten indoktriniert. Edgars Schulheft aus dieser Zeit zeugt davon – er musste, wie alle Kinder, in Sütterlin-Schönschrift über Hitler, Hindenburg und Horst Wessel schreiben, Hakenkreuze malen, Feinde Deutschlands auflisten, Gedichte zum Geburtstag des „Führers" abschreiben. Sein Vater sollte immer wieder im Schulheft unterschreiben, das tat er, so erinnert sich Edgar, ohne irgendeine Regung zu zeigen.

Die Eltern förderten Edgar vielseitig. Er bekam Geigen- und Klavierunterricht und hatte es darin so weit gebracht, dass seine Musiklehrerin ihm eine Laufbahn als Musiker empfahl.

Wie in den meisten Haushalten dieser Gegend wohnten und arbeiteten auch bei den Feuchtwangers Hausangestellte und Edgar hatte wechselnde Kindermädchen. Über seine Kindheit und sein späteres Leben in England schrieb er das Buch *Erlebnis und Geschichte*.[4]

Unweit ihres Hauses wohnte am Prinzregentenplatz Hitler. Einmal, noch klein und an der Hand des Kindermädchens, hatte Edgar ihn auch persönlich auf der Straße gesehen. Wenn auch die Eltern und Verwandten ihn behüteten, so war doch das öffentliche und private Verleumden, Demütigen und Bedrohen von jüdischen Menschen allgegenwärtig und

---

[4] Erlebnis und Geschichte. Als Kind in Hitlers Deutschland – Ein Leben in England, Berlin 2010.

darum beeinträchtigte es selbstverständlich auch die Kinder. Laut einer früheren Nachbarin in der Grillparzerstraße äußerte die Hausbesitzerin die Meinung, es wohnten zu viele Juden im Haus.[5]

Der Novemberpogrom war von den Nationalsozialisten von langer Hand geplant und vorbereitet und so kamen am frühen Morgen des 10.11.1938 Gestapo-Männer zu den Feuchtwangers in die Wohnung, nahmen Edgars Vater mit und verschleppten ihn ins Konzentrationslager Dachau. An diesem Tag wurden 10.911 überwiegend wohlhabende jüdische Männer inhaftiert. Sie wurden besonders schikaniert und misshandelt, um sie zur Aufgabe ihres Besitzes und zur Ausreise zu zwingen.

Noch am selben Tag erschienen wiederum andere Gestapo-Männer mit Helfern, um die wertvollen Bücher seiner Bibliothek zu rauben; sie nannten es „sicherstellen". Sie brauchten zwei Tage, um die Bücher herauszusuchen, in 22 Kisten zu verpacken und abzutransportieren. 100 besonders wertvolle Bücher wurden von München nach Berlin gebracht und sofort in einem „Panzerschrank" eingeschlossen, wie die Gestapo protokollierte.[6]

Edgar blieb ab dem 10. November zu Hause und schon wenige Tage später wurde jüdischen Schülerinnen und Schülern landesweit der Schulbesuch in öffentlichen Schulen verboten. In ihrer Angst um den Vater suchte die Mutter zunächst verschiedene Behörden und Personen wie ehemalige Freunde und Autoren des Vaters auf, von denen sie – vergeblich – hoffte, dass sie sich für den Vater verwenden würden. Und sie begann sich für die ganze Familie, und insbesondere für Edgar, um die Emigration nach England zu kümmern. Nach der Entlassung von Ludwig Feuchtwanger aus dem KZ Dachau am 19. Dezember 1938 und nachdem er sich von den Folgen der Gewalt, Schikanen und des Hunger etwas erholt hatte, befasste auch er sich mit den Vorbereitungen zur Ausreise. Sehr bald war klar, dass die Familie nach England gehen würde. Unter drei Bedingungen konnten Emigranten in Großbritannien einreisen. Ent-

---

[5] Telefongespräch der Herausgeberin mit der 91-jährigen Lieselotte Weiner, geb. Cambensi, am 15.3.2024.
[6] Recherchiert von Werner Schroeder, Bundesarchiv Berlin R58/6424, Bl. 323 u. 329: II 112 an I 32 Bücherei des Juden Ludwig Feuchtwanger, München v. 4.3.1939, in: Andrea Baresel-Brand (Hrsg.) Entehrt. Ausgeplündert. A r i s i e r t. – Entrechtung und Enteignung der Juden. Veröffentlichungen der Koordinierungsstelle für Kulturgutverluste. Band 3 – Magdeburg 2005; S.71 u. 79.

weder wollten sie sich nur vorübergehend aufhalten, weil sie zum Beispiel in die USA oder nach Südamerika weiterreisen wollten, oder sie hatten in England schon eine Anstellung gefunden und damit eine Arbeitserlaubnis, oder jemand bürgte für sie bzw. hinterlegte ausreichend Geld, um den Lebensunterhalt zu finanzieren. Letzteres gelang schließlich, denn Lion Feuchtwanger, ihr Schwager Jakob Reich, sowie Heinrich Rheinstrom, der Bruder von Edgars Mutter, konnten zusammen 1.000 Pfund für die dreiköpfige Familie hinterlegen. Damit wurde für sie ein Affidavit ausgestellt, mit dem sie im britischen Konsulat in München Einreisevisa erhielten.

Über das Komitee der „Society for Protection of Science and Learning", das 1933 unter dem Namen „Academic Assistance Council" gegründet worden war, um verfolgten Wissenschaftlern die Flucht zu ermöglichen, bekam die Familie Feuchtwanger Unterstützung von Professor Charles Singer, Historiker für Medizin, Technik und Wissenschaft, sowie seiner Frau Dorothea Waley Singer, geb. Cohen, eine Paläografin und ebenfalls Wissenschafts- und Medizinhistorikerin. Sie stellten den Kontakt zur Familie Dyson in St. Mawes in Cornwall her. Beryl und Malcolm Dyson erklärten sich bereit, Edgar aufzunehmen, sich um ihn zu kümmern und ihn zu fördern – zusammen mit ihren Freunden und Nachbarn, dem jungen schottischen Historiker George Pryde und seiner Frau Florence, dem pensionierten Commander Bertram Phibbs und seiner Frau Dorothy und anderen.

Für die Emigration galt es unzählige Dokumente zu beschaffen. Für Edgar wurden u. a. Zeugnisse besorgt: das Austrittszeugnis des Gymnasiums und ein Zeugnis der Musikschule, ein Gesundheitsattest. Außerdem der Reisepass und das in den Pass gestempelte Visum. Alle Dinge, die er nach England mitnehmen wollte, mussten bis zur letzten Kleinigkeit maschinengeschrieben aufgelistet, taxiert, besteuert und genehmigt werden. Was schon vor 1933 in Besitz war, musste gekennzeichnet werden. Ein Liftvan[7] für das Umzugsgut musste bestellt, eine Schiffspassage gekauft werden. Vor der Reise musste vom Inhalt seines Koffers eine Packliste geschrieben werden, ein Gerichtsvollzieher schätzte den Wert der Dinge, anschließend musste die Liste von der Devisenstelle genehmigt

---

[7] Hölzerne Transportkiste zur Verschiffung von den Häfen Hamburg oder Bremen nach Großbritannien oder Übersee. Die beiden Liftvans der Eltern hatten eine Länge von fünf Metern und ein Außenmaß von 25 cbm.

werden. Auch der Liftvan musste in Anwesenheit eines Gerichtsvollziehers gepackt werden, anschließend wurde die Kiste versiegelt.

Gut drei Monate nach dem Pogrom befand sich Edgar schon in St. Mawes an der Südküste Englands, liebevoll aufgenommen von der Familie Dyson mit den beiden kleinen Kindern.

Nach der Zeit von der Abfahrt aus München, der Ankunft in England und zum Wiedersehen mit seinen Eltern hatte Edgar Feuchtwangers Tochter Antonia Cox ihren Vater immer wieder gefragt. Zusammen lasen sie seine Kinderbriefe an die Eltern und sie schrieb auf, was er dazu berichtete.

Knapp zehn Tage vor seiner Abreise schrieb Beryl Dyson an Edgars Eltern, um ihnen zu erklären, in was für eine Familie mit welchen Freunden Edgar aufgenommen werden würde und was sie sich für Edgar vorstellten. Dabei ging es auch um seine Schulbildung. Zum Zeitpunkt seiner Reise war er schon seit drei Monaten nicht mehr in die Schule gegangen.

Offenbar hatte Ludwig Feuchtwanger schon zuvor an die Dysons geschrieben, denn in ihrem ausführlichen Brief schreibt Beryl Dyson: „Bitte sprechen Sie nicht von Dienst. Wir tun nur das, von dem wir hoffen, dass es jemand für unsere Kinder in einer ähnlichen Situation tun würde.

Wir freuen uns Edgar kennenzulernen und hoffen, dass er bei uns glücklich sein wird. Wir wollen alles dafür tun."

Sie bereiteten sich auf alles genau vor, fragten nach seiner Gesundheit, nach den religiösen Vorstellungen der Eltern für Edgar. Die Unsicherheit, die auch aus Edgars Briefen aus England sprach, hatte Beryl Dyson schon im Vorhinein formuliert:

„Wir können uns vorstellen, was für ein großer Kummer es für Sie und Ihre Frau sein muss, sich von Ihrem Sohn zu trennen, auch wenn sich herausstellen sollte, dass es nur für kurze Zeit ist."

Ob nämlich die Eltern wirklich würden nachkommen können, schien allen ganz und gar nicht sicher. Schon seit Dezember 1938 wurden gruppenweise Kinder mit den sogenannten Kindertransporten nach Großbritannien geschickt, auch wenn die Eltern absehbar oder sicher nicht die Möglichkeit hatten, ihren Kindern nachzureisen. Insgesamt kamen so bis zum Kriegsbeginn im September 1939 etwa 10.000 jüdische Kinder aus Deutschland, Österreich, Polen und der Tschechoslowakei ins Land, unter ihnen auch Edgars Kindheitsfreundin Beate Siegel.

Beryl Dyson schrieb auch einen einfühlsamen, deutlich an ein Kind gerichteten Brief an Edgar. Darin bemüht sie sich, ihm die Sorge zu nehmen, was den Erwerb der englischen Sprache betrifft.

Edgar kam am 15. Februar 1939 mit dem Schiff in England an, reiste mithilfe von Mitpassagieren offiziell ins Land ein und fuhr mit seinem Koffer zum Bahnhof Liverpool Street in London.

Die erste Postkarte an seine Eltern schrieb er direkt nach der Ankunft, noch im Taxi auf dem Weg vom Bahnhof Liverpool Street in Richtung Paddington Station. Das geschah auf Geheiß von Trude Scharff, die schon zuvor emigriert war, ihn am Bahnhof erwartet und eine Karte dabei hatte. Edgar war auch vorbereitet: Seine Eltern hatten ihm frankierte Postkarten mitgegeben mit dem Auftrag, ihnen so oft wie möglich eine zu senden. Man kann ihre Sorge und Sehnsucht um ihr einziges Kind nur ahnen. Edgar fuhr noch am selben Tag mit dem Zug von Paddington Station weiter nach Truro in Cornwall, wo ihn die Dysons abholten.

Nach seiner Ankunft sandte Malcolm Dyson ein Telegramm an Edgars Eltern, um seine gute Ankunft zu bestätigen, und am folgenden Tag schickte er einen Brief hinterher: „Ich hoffe, dass er nicht so einsam sein wird. Ich fürchte aber, dass er das anfangs sein wird, weil wir hier in einem ziemlich kleinen Ort sind und es keine Kinder in seinem Alter gibt."

So umsichtig wie schon seine Frau bat auch er, ihnen gleich mitzuteilen, falls Edgar sich aus irgend einem Grund nicht wohl fühlen sollte:

„Falls er je in seinen Briefen an Sie unglücklich erscheint, aus Gründen, die wir beheben können, dann hoffe ich, dass Sie uns das so bald als möglich mitteilen."

Alle Erwachsenen waren bemüht, ihn zu beschützen und zu behüten, aber sie wussten, dass sie weder die Trennung noch die Sorge Edgars um seine Eltern beheben konnten.

Auch Edgar schrieb seinen ersten Brief an die Eltern. Darin berichtete er ihnen vor allem von der Reise.

Schon hier sind die drei wiederkehrenden Themen enthalten. Erstens hatte er seinen Eltern nun eine Erfahrung voraus, er erklärte und gab Ratschläge: In diesem ersten Brief riet er ihnen, wie sie reisen sollten, nämlich erster Klasse im Schiff und dritter Klasse im englischen Zug. Und zweitens wollte er ihnen die Sorgen nehmen. „Ihr könnt ganz beruhigt [sein]. Schreibt bald." Und drittens beinhaltete dieses „Schreibt bald" schon die in den folgenden Wochen drängender werdende Sorge um die Eltern. Wie es ihnen erginge, ob sie schnell würden nachkommen können, vielleicht auch, ob sie überhaupt nachkommen könnten.

Schon zwei Tage nach seiner Ankunft begann Beryl Dyson Edgar zu unterrichten und berichtete den Eltern ausführlich davon. Auch um die Fortsetzung seines Musikunterrichts bemühten sich die Dysons – sie waren auf Edgars Ankunft gut vorbereitet und verloren keine Zeit. Auch Edgar in seinen Briefen nicht. Er schrieb regelmäßig, verwendete keine Floskeln, erzählte von seinen Aktivitäten und Plänen, fragte nach den „Auswanderungsdingen" der Eltern, bat um einen neuen Violinbogen, berichtete noch einmal von der Reise, von den Kindern der Familie Dyson, alles so, wie es ihm offenbar beim Schreiben in den Sinn kam; ein Kind, das mit seinen Eltern ganz natürlich Gedanken und Erlebnisse teilte, obwohl es gerade aus seinem Land flüchten musste. Er kannte aus Deutschland jedoch die Angst um das Leben, besonders durch die Verschleppung des Vaters nach Dachau. Mehrere seiner Onkel waren ausgebürgert worden oder ins Ausland geflüchtet und die Furcht vor der Entdeckung der engen Verwandtschaft mit dem von den Nazifunktionären gehassten Lion Feuchtwanger war im Kontakt mit Behörden oder bei Polizeikontrollen immer da. Spätestens seit dem Novemberpogrom war die Gefahr für Juden in Deutschland offensichtlich und Edgar wollte helfen, seine Freundin Beate Siegel in Sicherheit zu bringen. Wahrscheinlich hatte er mit Beryl Dyson darüber gesprochen, denn sie war über ihre Freunde George und Florence Pryde aus Schottland darüber im Gespräch; eventuell könnte eine ihnen bekannte schottische Familie ein Kind aufnehmen. Aus diesem Grund bat Edgar die Eltern drei Tage nach seiner Ausreise, Beates Personalien zu schicken. Zuerst dachte er „an Mr. Dyson" zu schreiben, strich dann durch und schrieb „an mich". Er war in kurzer Zeit, genau genommen seit November 1938, aber besonders nach seiner Ausreise erwachsen geworden.

Er freute sich, von seinen Eltern jeden Tag eine Karte zu erhalten, und betonte in seinen Briefen, wie glücklich er in St. Mawes sei. Noch im selben Monat wechselte er ins Englische, schrieb seinen Eltern nur noch selten auf Deutsch und erklärte ihnen die korrekte Aussprache und den

Gebrauch einiger Wörter. Auch berichtete er ihnen sehr ausführlich über seine Lernfortschritte. Auch im Brief vom 28. Februar 1939 scheint deutlich die Mischung aus Erleichterung, in Sicherheit zu sein, und Sorge um die Eltern durch:

> „Ich bin sehr froh, hier zu sein. Kommt so schnell wie möglich! Was ist mit deiner Arbeit bei Macmillan's und mit Deinem Komitee? Ist das jetzt besser? Bitte schreib bald. Ich freue mich sehr, am Samstagabend mit Euch zu sprechen.
>
> Dr. und Mrs. Dyson, ich schreibe das noch mal, sind ganz besonders nette Leute. Aber die anderen Leute sind auch sehr nett. (…) Kommt so schnell wie möglich.
>
> Bis dahin alles Gute, 1000 Küsse.
>
> Euer Bürschi"

Bürschi hieß Edgar in der Familie, aber auch die gesamte Nachbarschaft nannte ihn so, der Vater wurde Ludschi oder Doktor Ludwig genannt. Offenbar hatten die Eltern Edgar den Auftrag gegeben, einer ganzen Reihe von Leuten zu schreiben. Er hatte eine lange Liste von Adressen bei sich, konnte sich aber zum Briefeschreiben nicht überwinden. An seine Eltern schrieb er entschuldigend: „Ich bin schlecht im Briefe schreiben, deswegen habe ich nur wenigen Leuten geschrieben."

Beryl Dyson berichtete den Eltern, wie er mit dieser Liste kämpfte und sie ihn neckten und darüber lachten, weil er sie einfach nicht abarbeiten konnte.

In keinem Brief und auf keiner Karte Edgars fehlt ein Satz, dass er sich seine Eltern herbeiwünschte oder nach ihrer Ausreise fragte. „Ich bin <u>sehr</u> glücklich hier und hoffe, ihr kommt bald." schreibt er am 6. März 1939. Der Einmarsch von Wehrmacht und SS in Tschechien sorgte für große Unruhe und Kriegsangst in Großbritannien. Die von Vielen kritisierte britische Beschwichtigungspolitik im Kontakt mit Hitler war endgültig vorbei. Edgar las mit Malcom Dyson in den Zeitungen und sie wollten sich auch eine Münchner Zeitung besorgen, um zu erfahren, wie von deutscher Seite aus darüber berichtet wurde. Die Emigranten und vielleicht besonders die Kinder standen nun umso mehr unter Anpassungsdruck. Edgar wurden gleich zu Beginn seines Aufenthalts die Haare zu einem englischen Schnitt umgeschnitten. Sein Name stellte kein Problem dar, weil Edgar, wie er in einem Brief schrieb, auch ein englischer Name war. Edgar hielt sich daran, nicht öffentlich deutsch zu sprechen und da er außerdem mit großer Intensität täglich Englisch lernte, verfasste er seine

Briefe an die Eltern sehr bald fast ausschließlich auf Englisch. Sie gaben sich Mühe, auf Englisch zu antworten, und Edgar korrigierte ihre Fehler, bescheinigte seinem Vater trocken und altklug, dass sein ganzer Brief nach Lexikon klinge. Aber mit steigender Sorge und den drängenden Fragen schrieb er wieder mehr auf Deutsch.

Spätestens ab dem 21. 3. 1939 erwartete Edgar seinen Vater in England, die Mutter sollte nachkommen. „Wie lange glaubst Du, Mama, wird es dauern, bis Du hierher kommen kannst? Mach so schnell, wie es geht!"

Am 28. 3. 1939 hatte er erfahren, dass der Vater doch noch nicht kommen konnte: „Warum, lieber Papa, verschiebst Du Deine Abreise immer wieder, wie gewöhnlich? Zögere nicht zu lange!"

Trotz der Sorgen erzählte er ihnen dennoch immer auch von seinem Alltag, seinen Beobachtungen und Erlebnissen. Dass er, als er das erste Mal allein zum Musikunterricht fahren sollte, in den falschen Bus gestiegen war. Dass in St. Mawes nur die Kinder armer Familien in die öffentlichen Schulen gingen. Anfang April 1939 berichtete er den Eltern vom Seder[8] des Pessachfestes. Sogar zwei Mal schrieb er davon, denn es schien ihn zu beschäftigen, dass alles auf Englisch gelesen und gesprochen wurde. Er hatte im September 1937 seine Bar Mizwah in der Münchner Hauptsynagoge gehabt, wofür er zuvor unterrichtet worden war und die hebräische Aussprache hatte lernen müssen. Es war seine Einführung in die Religion, die vielleicht ein Interesse an einer Zugehörigkeit geweckt hatte. „Dann kam ich nach England und es war plötzlich wieder vorbei und nichts mehr damit", sagte er im September 2023 bei meinem Besuch bei ihm in Winchester.

Im auf Deutsch geschriebenen Brief vom 5. April wurde er unruhiger:

„Wie stehen Eure Sachen? Bitte schreibt mir genau über das!

Sonst gibt es nicht viel Neues. Ich habe jetzt vier Wochen keine Music-lessons, weil Osterferien sind.

Viele Grüße und Küsse auch an Papa, den ich bald zu sehen hoffe."

---

[8] Zum Auftakt des Pessachfestes wird an den Auszug aus Ägypten gedacht. Dies geschieht in einem festgelegten Ablauf – daher die Bezeichnung Seder, dem hebräischen Wort für Ordnung.

Sechs Tage später schrieb er an beide Eltern, sprach aber eigentlich nur die Mutter an:

„Ich hoffe, dass Papa sich beeilt. Er sollte mir sofort schreiben, wenn er in London ankommt. Weiß er, wo er wohnen wird? Und wer holt ihn vom Bahnhof ab? Bitte schreibt alle diese Sachen sehr genau."

Die Rollen schienen getauscht zu sein. Edgar schrieb über seinen Vater wie ein Vater über seinen Sohn. Der Erfahrungsabstand zwischen Eltern und Sohn war größer geworden. Sie wussten voneinander, wie ihre jeweilige Situation war, aber ganz genau eben doch nicht. Es ist auch nicht sicher, ob die Eltern ihm wirklich „alle diese Sachen sehr genau" berichten konnten. Inzwischen telefonierten die Eltern und Edgar nach Verabredung häufiger miteinander, jeweils samstags um 19 Uhr britischer Zeit.

In München lösten die Eltern indessen die Wohnung auf, die sie zum Ende des Monats April verlassen mussten.

Schon im April 1938 waren Juden gezwungen ihren gesamten Besitz in einem Vermögensverzeichnis aufzulisten, das ging von den Büchern, Möbeln, Haushaltsgegenständen über die Bankkonten bis zur Leibwäsche und den Strümpfen. Das Vermögensverzeichnis musste beim Finanzamt hinterlegt werden. Zum Pogrom im November brauchte man sich also nur dieser Verzeichnisse zu bedienen, um bei den richtigen Personen stehlen zu gehen – „sicherzustellen", wie die Gestapo das nannte. In der Folge des Novemberpogroms 1938 wurde der jüdischen Bevölkerung dann auferlegt insgesamt 25 % ihres Vermögens abzugeben, „Sühneleistung" nannte die Finanzverwaltung diese Abgabe. Aufgrund der bereits erfolgten Wertberechnung der Objekte im Vermögensverzeichnis wurde die Abgabe für jede jüdische Familie oder Person festgelegt. Wer das Land verlassen wollte, musste zudem eine sogenannte Reichsfluchtsteuer von 25 %, wiederum auf das Gesamtvermögen bezahlen, von dem aber nun schon 25 % der „Sühneleistung" fehlten. Zur Berechnung dieser Steuer wurde neben dem vorhandenen Geld ebenfalls der geschätzte Wert der Gegenstände im Vermögensverzeichnis einbezogen, was bedeutete, dass die meisten Juden letztlich fast gar kein Geld mehr besaßen. Darüber hinaus gingen die Finanzämter seit 1938/39 dazu über, Sicherheitsbescheide für Juden zu erlassen, d. h., sie konnten damit die Reichsfluchtsteuer von 25 % als Vorauszahlung einziehen. Diese perfide Ausraubungspraxis der Finanzverwaltung folgte offenbar der Annahme, dass die jüdische Bevölkerung in Gänze vertrieben werden würde.⁹ Wie aus einem Briefwechsel mit der Finanzbehörde in München ersichtlich ist, konnte Ludwig Feuchtwanger erwirken, dass ihm der Anteil der sogenannten „Judenvermögensabgabe" vom Wert der ihm im November 1938 geraubten Bücher vor seiner Ausreise abgezogen und zurückerstattet wurde. Das waren immerhin mehrere hundert Reichsmark, die die Familie mehr als nötig gebrauchen konnte. Allein für die beiden fünf Meter langen Liftvans, die mit dem verbliebenen Besitz nach England verschifft wurden, mussten die Eltern 2.450,- Reichsmark bezahlen. Zu Edgars Überraschung wurde ihnen sogar die Mitnahme der Nähmaschine und des Konzertflügels erlaubt, der bis heute in seinem Haus steht.

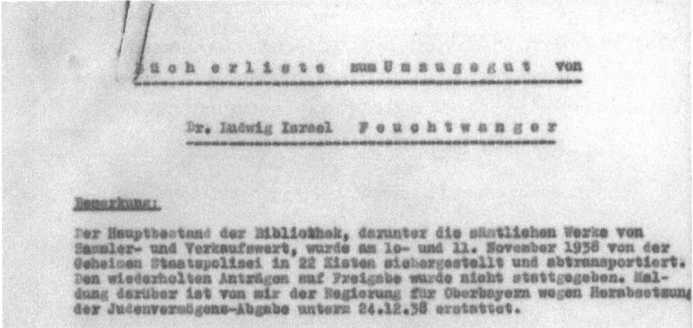

Kopf der Bücherliste

Im Gespräch mit Regina Prinz vom Münchner Stadtmuseum sagte Edgar Feuchtwanger 2023: „Das Ganze ist ja eine Mischung aus deutscher Gründlichkeit und Pedanterie und alles genau nach dem Gesetz gemacht und unter größtem Verbrechertum."¹⁰ Die beiden sprachen im Rahmen der Provenienzforschung miteinander, denn so wie viele Stadtmuseen hat auch das Münchner Stadtmuseum aus der Pfandleihe Silbergegenstände aus jüdischem Besitz zum Materialpreis gekauft. Am 26. April 1938 hatten die NS-Behörden angeordnet, dass alle Juden ihre Gegenstände aus Edelmetall bei den städtischen Pfandleihen abliefern mussten. Edgar erinnert sich bis heute, wie sein Vater in wütender Verzweiflung

---

⁹ https://www.berlin.de/sen/finanzen/ueber-uns/architektur-geschichte/artikel.5183.php.
¹⁰ https://www.muenchner-stadtmuseum.de/sammlungen/provenienz/restitution-an-edgar-feuchtwanger.

die geerbte silberne Menora zertrat, bevor er sie ins Pfandhaus bringen musste. Ab 21. Februar 1939 wurde die jüdische Bevölkerung durch die „Silberabgabe" gezwungen, auch noch den letzten Besitz an silbernen und goldenen Gegenständen abzuliefern. Auch Ludwig und Erna Feuchtwanger mussten das tun. Wie in anderen Städten, so versuchte seit Mitte der 1990er Jahre auch das Münchner Stadtmuseum die Erben der rechtmäßigen Besitzer der Silberobjekte zu ermitteln. Aus dem Besitz seiner Eltern sollte Edgar Feuchtwanger 2023 schließlich ein Silberlöffel[11] zurückgegeben werden. Er und seine Kinder beschlossen daraufhin, dem Museum den Silberlöffel zu schenken, verbunden mit dem Wunsch, dass die Geschichte ihrer Familie in München und wie der Löffel ins Museum gelangte, erzählt und sichtbar gemacht würde.

Erst Ende April 1939 erfuhr Edgar, dass der Vater doch nicht ausreisen konnte. Auf seiner letzten kurzen Karte, im Vergleich zu seiner vorherigen Post recht einsilbig, schrieb er dafür umso bestimmter.

„26. 4. 1939. Liebe Eltern!

Ich bin sehr enttäuscht zu hören, dass Ihr nicht kommt. Packt ein!"

In der Enttäuschung und dem Ärger spiegelt sich seine Angst um die Eltern.

„Packt ein!" schrieb er ohne jedes zusätzliche abmildernde Wort. Die Eltern mussten zu Ende April die Wohnung auflösen, in der sie 15 Jahren gewohnt hatten. Danach mussten sie noch umziehen, um die vier Tage bis zur Ausreise überbrücken zu können. Von der Münchener Lucile Grahnstr. 38 wurde ihr Umzugsgut dann für die Verschiffung nach England abgeholt. Am 4. Mai 1939 konnten sie schließlich losfahren und sich aus ihrer lebensgefährlich gewordenen Heimat retten.

Die Eltern kamen am 5. Mai 1939 über London nach Cornwall. Über dieses Wiedersehen von Sohn und Eltern hat Edgar seiner Tochter Antonia Cox nie viel erzählt.

Lange blieben die Eltern nicht, sie reisten bald nach London zurück, weil dort die Möglichkeiten, eine Arbeit zu finden, besser schienen. Lud-

---

[11] Silberner Vorlegelöffel, Künstler: Georg Sanctjohanser, Länge: 27,9 cm, Breite: 5,3 cm, Gewicht: 80g, Datierung: 1830, Graviert: „A B", Erworben am 26.01.1940 im Städtischen Leihamt München für 5,60 Reichsmark, Eintrag im Inventarbuch im Museum: 02.02.1940.

Vorwort

Silberlöffel, Stadtmuseum München

Johann Fischer Erben. München-Ost

Herrn
Dr. Ludwig Feuchtwanger,
München - 8
Lucile Grahnstr. 38/2

3. Mai 1939 H.

An Umzug mittels 2 Liftvans von je 5m Länge mit einem Gewicht bis zu 4000 kg pro Liftvans und einem Aussenmass von 25 cbm pro Liftvan einschl. der Liftvan von Wohnung München, Lucile Grahnstrasse 38/2 bis Bord Ankunftsdampfer London		1730,--
" Seefrachterhöhung nach London ab 17.4.		95,--
" Anfuhr der Packkisten und des Packmaterials		11,--
" Kaufpreis für Packkisten usw.		160,--
" seemässige Verpackung des Mobiliars einschl. Arbeitslohn und Verpackungsmaterial		300,--
" Zollabfertigung in München ohne amtliche Gebühren		36,--
" amtliche Gebühren ca.		70,--
" Trinkgelder		45,--
" Urkundensteuer		3,--
	RM:	2450,--

Rechnung des Umzugs

wig Feuchtwanger hatte eine Anstellung beim Verlag Macmillan erhofft, aber daraus wurde nichts, der Verleger teilte ihm das jedoch erst nach seiner Ankunft in England mit, aus Sorge mit einer Absage seine Emigration zu gefährden. Zuerst konnte Erna Feuchtwanger mit Näharbeiten Geld verdienen. Ein kleiner Triumph für Ludwig Feuchtwanger, der seit Jahren an seiner Geschichte des Judentums seit dem Mittelalter schrieb und sie 1938 noch nicht vollendet hatte, soll genannt werden: Es war ihm gelungen zwei wertvolle, jahrhundertalte Bücher zu retten und ins Umzugsgut zu schmuggeln. Sie kamen unversehrt in England an. Eines davon war im Jahr 1451 gedruckt worden.

Den Sommer 1939 verbrachte Edgar noch in St. Mawes bei den Prydes und den Dysons, wovon im August 1939 zwei Briefe berichten. Aus diesen letzten erhaltenen Briefen des Jahres 1939 spricht nicht mehr die Anspannung, die Sorge der Eltern um ihren Sohn zu zerstreuen sowie seine Angst um die Eltern zu verbergen. Es geht nun vor allem um die tägliche Beschäftigung: George Pryde diktierte ihm die komplette Geschichte Englands, außerdem ging Edgar regelmäßig mit Commander Phibbs segeln und bat seine Mutter, ein Kleid für die 5-jährige Jennifer Dyson zu nähen, was sie auch tat. Mithilfe von Lord Arran, einem Nachbarn in St. Mawes, wurde er im berühmten Winchester College aufgenommen und sollte im September dorthin ziehen. Darum suchten seine Eltern in Winchester ein Haus und wohnten bei Schulbeginn schon dort.

Allerdings nicht lange. Mit dem Überfall der deutschen Wehrmacht auf Polen und dem Beginn des 2. Weltkriegs Anfang September änderte sich wieder alles für sie. Alle 70.000–80.000 deutschsprachigen Emigranten wurden als feindliche Ausländer registriert, von rund 120 lokalen Gerichten überprüft und in eine von drei Kategorien eingestuft. Kategorie A bedeutete „Sicherheitsrisiko", diese Menschen wurden ohne Verzug interniert. Die in Kategorie B als „potentielle Feinde" Eingestuften standen unter Beobachtung, durften keine Fahrzeuge besitzen und konnten unter Hausarrest gestellt werden. In Kategorie C klassifiziert, bedeutete „freundlich gesinnt". Auch Edgar, Erna und Ludwig Feuchtwanger wurden überprüft und in „Cat.C" eingestuft.

Aber ungeachtet der Kategorie galt: Deutschsprachige Ausländer durften nicht mehr in Küstennähe wohnen und deshalb mussten die Eltern im Frühling 1940 wieder zurück nach London ziehen. Die britische Regierung wollte verhindern, dass Deutsche eine befürchtete Invasion der

Nationalsozialisten unterstützen könnten. Edgars rasanter Lernerfolg von einem hervorragenden deutsch- zu einem englischsprachigen Schüler in nur sechs Monaten bis ins Winchester College schützte ihn vor diesen Regelungen, er konnte weiter zur Schule gehen.

Ab Mai 1940 wurden schließlich auch alle in B und C Kategorisierten interniert. Ludwig Feuchtwanger wurde auf der Isle of Man im Hutchinson Internment Camp festgehalten.

18 Jahre lang, von 1915 bis 1936, war er Verleger bei Duncker & Humblot. Seit 1933 hatten sich von ihm geförderte Autoren wie Carl Schmitt und Wilhelm Grau abgewandt und ihn regelrecht im Stich gelassen. Und als ab 1936 in solch einer Position nur noch arbeiten durfte, wer der Reichsschrifttumskammer angehörte, hatte Ludwig Feuchtwanger den Verlag verlassen müssen. Denn einem Juden war diese Mitgliedschaft versagt. Sein Leben lang Verleger, Büchersammler, Publizist und Autor, nun wiederum interniert, betreute Ludwig Feuchtwanger im Internment Camp eine Lagerbibliothek für die Gefangenen und hielt, wie viele andere Gelehrte, auch Vorträge.

Zunächst betraf die massenhafte Internierung nur die Männer, aber noch im selben Monat, ab 28. Mai 1940, wurden auch Frauen interniert. Erna Feuchtwanger durfte aufgrund ihrer Beurteilung des Tribunals in London bleiben, sie wurde als „echter Flüchtling" bezeichnet. Alle zu Hause gebliebenen Emigranten mussten sich fortan regelmäßig bei den Behörden melden, vermutlich sowohl seine Mutter als auch Edgar, er wurde „als zufriedenstellend" beurteilt.

Die ersten Sommerferien 1940 verbrachte Edgar bei seiner Mutter in London Hampstead und erlebte so die Bombenangriffe der Deutschen auf die Stadt und damit auch eine ganz neue Angst. Der Vater schrieb aus dem Lager an seine Frau und seinen Sohn:

L. Feuchtwanger Haus 7   27. Aug. 1940
Douglas I. O. M. Zentrallager

    Meine Lieben, als ich gestern von unserem Lager-Konzert zurückkam (es war eine großartige Aufführung mit hervorragenden Musikern – von der Verwaltung der I. O. M. waren welche da, unter ihnen der Lord Bischof), erhielt ich Euren zweiten Brief vom 21. August. Es ist wirklich beruhigend und tröstlich, Euch beide zusammen in London zu wissen, wohlbehalten und einigermaßen zuversichtlich. Ich stimme im Großen und Ganzen mit Bürschi überein: „Viel Lärm ..." aber ich wage nicht zu sagen: „um nichts", aber ich vermute, das H. O. [Home

Office, Innenministerium] bekommt das nicht in den Griff; zu diesem Eindruck komme ich, weil sich die Aktivitäten zur Entlassung hier im Lager sehr verlangsamt haben; trotz aller Bemühungen der Internierten innerhalb und außerhalb des Lagers, werden täglich nur wenige Menschen entlassen, zuerst die medizinischen Härtefälle und dann über 64-Jährige. Alle Akademiker sind noch hier.

Gestern habe ich auch das Paket bekommen, nützlich und prächtig wie immer, besonders der Honig, die Lindt-Schokol. und das Brot. Was mir immer noch fehlt, ist der eingeschriebene Brief mit dem Bericht, dem ärztlichen Attest und 10 Schilling. Den eingeschriebenen 10-Schilling-Brief habe ich bisher nur zweimal (vor 8 und 10 Wochen) bekommen. Briefe und Pakete, aber nur die einfach gesendeten, brauchen jetzt nur 3–4 Tage, während die Briefe aus dem Lager nach draußen viel länger zu brauchen scheinen. Miss Fowler, sagte mir in ihrem Brief, den ich letztes Mal erwähnte, dass die Mieter unseres Hauses es sehr ordentlich verlassen haben, mit mehr Kohlen im Keller, als sie anfangs dort vorgefunden hatten.

Meine Vorträge halte ich weiter vor einer recht großen Zuhörerschaft. Ich bin der Bibliothekar des Lagers – wir haben ungefähr 700 Bände – und ich gehöre zum Lager-Personal, ein sehr hohes Amt. Die aktuellen Nachrichten sind manchmal ziemlich aufregend, aber hoffen wir, dass wir das überstehen.

Mit besten Wünschen und Grüßen an alle Freunde, Fraenkels und Birnbaums!

Alles Liebe und Küsse, L.

Im Sommer 1940 durften die Schüler schon vor Beginn des neuen Schuljahres nach Winchester zurückkehren, um sie vor den Angriffen zu schützen, und das tat Edgar auch. Aber Ludwig Feuchtwanger musste noch lange warten: Erst am 7. Oktober 1940 wurde er offiziell entlassen und konnte mit seiner Frau in ihr Haus in Winchester zurückkehren.

Edgar konzentrierte sich indessen weiter auf die Schule, er musizierte, fand Freunde und studierte nach seinem Abschluss in Winchester an der Universität Cambridge.

Der Vater wäre nach dem Krieg und dem Ende der Diktatur gern nach Deutschland zurückgekehrt, aber Edgar fühlte sich in England zu Hause und seine Mutter Erna wollte nie wieder in Deutschland leben. Um den Lebensunterhalt zu verdienen, hielt Ludwig Feuchtwanger für deutsche Kriegsgefangene in Großbritannien Vorträge mit Themen wie *Föderalismus in Deutschland* und *Die deutschen politischen Parteien*. Bezahlt wurde er vom *Control Office for Germany and Austria*, das eine Abteilung der Verwaltung der besiegten Länder war.

L. Feuchtwanger Hs 7.   27th Aug 40.
Douglas I.O.M. Central C.

My dear ones, As I came back yesterday from our Camp-Concert (it was a splendid performance with excellent musicians - the authorities the Lord bishop of I.O.M. among them - attended it) I got your second letter from 21st. It was really a tonic and comfort to have you together in London comfortable and rather confident. I*ojam, though I somewhat agree with Pirvici + "Too much ado ..." I dare not say "for nothing", but I fear the H.O. does not cope with; I conclude that from the slackening of the release-business in this camp: in spite of all the activities of the inkornees from inside and outside only few people become daily released, first the medical hardships and then people over 64. All scholars are here so far. - Yesterday I got, too, the parcel, useful and splendid as usual, first the honey, the Lindt-Choc. and the bread. I am still missing the registered letter with the report, the medical certificate and 10 sh. I had so far only twice (8 and 10 weeks ago) the 10 sh. - registr. letter. Letters and parcels, but common ones only, take now only 3-4 days. Whereas letters from the camp to outside seem to take much more time. Miss Fowler, in her letter I mentioned the last time, told me that the tenants from our house left it very tidy and more coal in the cellar then they found there. My lectures are going on with a rather ample audience. I am the Librarian of the Camp — we have about 700 volumes — and am belonging to the Camp-staff, a very high office. The news up today are sometimes fairly thrilling, but it is to hoped that we overcome that. Congratulations and greetings for all friends, Fränkel's and Bimbaus!

Love and kisses E.

Registrierungskarte mit Entlassungsdatum

Die Geschichte des Judentums, an der er während Edgars Kindheit lange Jahre gearbeitet hatte, konnte er nicht beenden. Es erschien 2013 unvollendet unter dem Titel *Der Gang der Juden durch die Weltgeschichte*.[12]

1947 starb Ludwig Feuchtwanger in Winchester, Erna Feuchtwanger lebte bis zu ihrem Tod 1979 in Winchester. Edgar wohnte immer in der Nähe, auch später mit seiner Frau Primrose und den drei Kindern, Antonia, Adrian und Judith.

Bis heute ist Edgar seiner ersten Heimat Bayern verbunden, aber fühlt sich als Engländer, besonders seitdem er den ‚Order of the British Empire for services to Anglo-German understanding and to history' verliehen bekam. In Deutschland wurde ihm 2003 das Bundesverdienstkreuz verliehen.

Im Laufe der letzten Jahre entstand der Wunsch von Edgar Feuchtwanger und seiner Tochter Antonia Cox, seine Briefe an die Eltern als herausragende Dokumente ihrer Zeit einem breiten Publikum zugänglich

---

[12] Der Gang der Juden durch die Weltgeschichte. Erstveröffentlichung eines Manuskriptes von 1938 (= Europäisch-jüdische Studien – Editionen, 2). Hrsg. v. Reinhard Mehring und Rolf Rieß, De Gruyter, Berlin 2013.

zu machen, umso mehr als sie in seiner Autobiographie *Erlebnis und Geschichte* nicht vorkommen. Hier erscheinen sie nun eingebettet in ein Gespräch mit seiner Tochter. Ein weiteres Anliegen von Edgar Feuchtwanger war es, über Bella Feuchtwanger zu schreiben, seine Lieblingstante, mit der er die erste Reise seines Lebens außerhalb Bayerns unternommen hatte. Sie soll mit einem Text besonders gewürdigt werden, denn sie ist die Einzige der neun Geschwister Feuchtwanger, die durch die Nationalsozialisten – im Vernichtungslager Auschwitz – ums Leben gekommen ist.

Anja Tuckermann, 27. Mai 2024

„Kommt so schnell wie möglich!"
Edgar Feuchtwanger im Gespräch
mit seiner Tochter Antonia Cox

Antonia: Das Erste, was man von einer Person erfährt, ist ihr Name. Wie heißt du? Und das Zweite, was die Leute dich fragen, wenn du einen ausländisch klingenden Namen hast, ist: „Warum klingt dein Name so komisch?" Das passiert vor allem uns Kindern von Migranten. Fischfinger nannten mich die anderen Kinder und lachten.

„Nein, Feuchtwanger heiße ich. Ich weiß, das klingt komisch", sagte ich.

Oder Volkswagen, noch komischer. Weißt du, Papi, so war es immer, als ich ein Kind war und hier in England mit diesem komischen deutschen Namen Feuchtwanger aufwuchs. Die anderen Kinder konnten den Namen nicht aussprechen und machten sich immer darüber lustig. War es für dich, als du 1939 nach England kamst, auch so?

Edgar: Nein. Ich war einfach Edgar, das klingt Englisch. Und ich habe in der Öffentlichkeit nie Deutsch gesprochen. Die Leute hätten Angst gehabt, wenn sie ein deutsches Wort gehört hätten.

Wie konnten die Leute denn Angst vor dir haben? Du warst ein 14-jähriges Kind, ein Flüchtling, und warst allein. Du warst ja keine Bedrohung, das ist lächerlich.

In der Zeit, als ich als Flüchtling nach England kam, hatten die Leute Angst, dass deutsche Soldaten kommen könnten. Europa befand sich noch nicht im Krieg, aber jeder wusste, dass es Krieg geben würde. Ich wusste anfangs nichts von solchen Ängsten in diesem neuen Land, in dem ich gelandet war. Für mich war es ein großes Abenteuer. Aber ich habe schnell gemerkt, dass es besser war, nicht Deutsch zu sprechen, nicht als Deutscher aufzufallen.

Erzähle mir, wie es war, als du allein aus München hier ankamst. Als ich ein Kind war, hast du nie von dieser Erfahrung gesprochen. Du wolltest immer, dass wir uns hier in England ganz zu Hause fühlen. Und so fühlten wir, meine Geschwister und ich, uns auch. Aber jetzt bin ich erwachsen. Und wir sind heute hier in St. Mawes, Cornwall, wo du ganz am Anfang, im Frühling 1939, in England gewohnt hast. Ich war gerade im Meer schwimmen. Du hast mir ein Handtuch gebracht. Am Strand scheint die Sonne, heute genauso wie damals. Wir hören die Schreie der Möwen, genauso wie früher. Hier in diesen Fischerhafen kommen die Fischerboote und Urlauber, heute mit Neoprenanzügen und Standup-Paddleboards. Die gab es damals noch nicht. Aber du sagst, das Dorf sieht genauso schön aus wie damals. Hier warst du endlich in Sicherheit. Erzähl mir davon!

1. Kapitel

Ich möchte dir davon erzählen und dir auch die Briefe zeigen, die ich aus dieser Zeit noch habe. Meine Mutter hatte sie aufbewahrt. Du kannst ihnen entnehmen, wie es für mich war, weit entfernt von zu Hause und den Eltern in einer Zeit großer Gefahr ein Flüchtling zu sein. Ja, es ist heute wieder Frühling, so wie 1939, als ich hierher kam.

Ich glaubte als Kind, dass außerhalb der Stadt München immer die Sonne schien. Meine Eltern und ich wohnten in einer Wohnung in der Grillparzerstraße 38 in München. Es gab keinen Garten, aber in den Sommerferien fuhren wir aufs Land, meistens nach Pöcking, aber gelegentlich auch nach Seeheim am Starnberger See. Ich liebte das bayerische Land. Und wenn wir dort waren, schien immer die Sonne.

Manchmal verbrachten wir im Sommer auch ein paar Wochen bei der Familie Siegel, unseren Freunden, in ihrem Ferienhaus am Walchensee. Ich war mit ihrer Tochter Bea befreundet. Damals war alles lustig bei den Siegels. Bea und ich hatten viel Spaß zusammen. Wenn ihre Eltern zum Skilaufen fuhren, wohnte sie bei uns in der Grillparzerstraße. Ich weiß nicht, warum sie ihre Tochter nicht mitgenommen haben. Manchmal bleiben Kinder einfach zurück – so ist es immer, sogar heute. Es hat mich aber gefreut, dass sie wie eine Schwester für mich war, denn ich war ein Einzelkind. Nur manchmal war meine Halbschwester Dorle da, die Tochter der ersten Frau meines Vaters. Aber sie war viel älter als ich und lebte die meiste Zeit im Internat.

In einem Ferienhaus, das unsere Familie damals am Walchensee gemietet hatte, passierte im Sommer 1933 etwas sehr Merkwürdiges. Ich war damals acht Jahre alt. Wir Kinder spielten wie immer im Garten, als plötzlich zwei geheimnisvolle Männer erschienen. Sie trugen keine Uniformen, sondern normale Anzüge. Sie sprachen mit meiner Mutter.

„Wir müssen das Haus durchsuchen, Frau Feuchtwanger."

Wir Kinder wurden hinausgeschickt. Aber wir hatten die Erwachsenen flüstern hören: „PoPo. PoPo." Wir kicherten. Die Abkürzung für die gefürchtete Bayerische Politische Polizei war PoPo, die wir natürlich lustig fanden. Drei Jahre später wurde sie, wie in ganz Deutschland, in Geheime Staatspolizei, abgekürzt Gestapo, umbenannt.

Meine Mutter war immer gastfreundlich. Während die Männer das Haus durchsuchten, wurden in der Küche Butterbrote mit Sardellenpaste zubereitet. Die geheimnisvollen Gäste hatten offenbar im Haus nichts gefunden und suchten im Garten und so mussten wir Kinder ihnen mit den Broten hinterhergehen. Doch sie waren zu schnell für uns und ehe wir bei ihnen waren und ihnen die Brote reichen konnten, fielen sie von den Tellern auf die Fichtennadeln. Wir sammelten die Fichtennadeln ab, legten die Brote wieder auf die Teller, aber sie fielen wieder hinunter, wir hoben sie auf, legten sie auf die Teller und reichten sie den Männern. Sie aßen die Brote. Wir fanden es urkomisch und lachten und lachten hinter den Büschen.

Meine Eltern dachten, dass die Beamten nach dem Bruder meines Vaters, Lion Feuchtwanger, suchten, aber später erfuhren wir, dass sie nach dem Bruder meiner Mutter, Heinrich Rheinstrom, gesucht hatten, der sich ebenfalls seit März 1933 im Ausland aufhielt und nicht zurückkehren konnte. Als wir Kinder über die Männer der PoPo lachten, hatte ich keine Ahnung, dass sie Teil eines schrecklichen Systems zur Verfolgung von Familien wie meiner sein würden.

Ich habe Bayern geliebt. Mir gefiel es besonders gut, dass man die Berge wie riesige verhüllte Menschen jenseits des Starnberger Sees sehen konnte. Der Onkel Heinrich, einer meiner vielen Onkel, der große Bruder meiner Mutter, besaß damals das riesige Haus Schwalten im Allgäu, mit zwei Türmchen und einem kleinen See. Von den Türmchen aus konnte man am Fuß der Berge Schloss Neuschwanstein sehen, wo einmal der verrückte König Ludwig II. gewohnt hatte.

Die Straße zu Onkel Heinrich war voller Schlaglöcher. Wir hatten kein Auto und mussten von einem Nachbarn vom Bahnhof abgeholt werden. Eines Tages rutschte das Auto direkt neben dem Haus in einen Graben und lag auf der Seite mit zwei Rädern in der Luft. So etwas hatte ich noch nicht erlebt. Autos waren damals selten und für mich sehr interessant.

Klaus, mein Freund vom Bauernhof, kam und schaute, wie die Männer versuchten, das Auto wieder aufzurichten. Sein Vater, ein sehr starker Mann, kam mit Brettern und Holzbalken um zu helfen. Er und die anderen kratzten sich am Kopf.

Klaus sagte: „Wenn sie es nicht bewegen können, musst du hier bleiben und mit mir in die Schule gehen."

Aber ich wollte die Grillparzerstraße nicht für immer verlassen.

Die Männer zogen und schoben, bis sie das Auto wieder auf die Straße gebracht hatten.

2. Kapitel

Aber es kam doch die Zeit, da ich die Grillparzerstraße für immer verlassen musste.

Ich war 14 Jahre alt, als in der Nacht vom 9. zum 10. November 1938 überall im Land jüdische Geschäfte und Synagogen zerstört und Tausende jüdische Menschen verhaftet wurden. Früh am Morgen des 10. November hörten wir das gefürchtete Klopfen an der Tür. Gestapomänner nahmen meinen Vater mit, so wie auch unseren direkten Nachbarn Max Gelaß. Kurz darauf kamen andere Gestapo-Männer und konfiszierten die Bibliothek meines Vaters, ‚Sicherstellung' nannten sie das. Sie wussten genau, was sie nehmen wollten und sollten, was von Wert war. Umzugsarbeiter verpackten die Bücher in großen Holzkisten. Meine Mutter fragte einen Beamten, der gerade einen Stapel Bücher in eine Kiste legte: „Müssen Sie die auch sicherstellen?" Und ich fand sie mutig.

Als die Männer weg waren, wagten wir uns noch nicht auf die Straße, aber wir versuchten telefonisch herauszufinden, was mit unseren Verwandten und Freunden geschehen war. Auch Onkel Fritz, ein Bruder meines Vaters, war verschleppt worden. Wir verbrachten in den nächsten Tagen viel Zeit mit seiner Frau. Wir waren am Boden zerstört, wir wussten nicht, ob wir unsere Verwandten je wiedersehen würden.

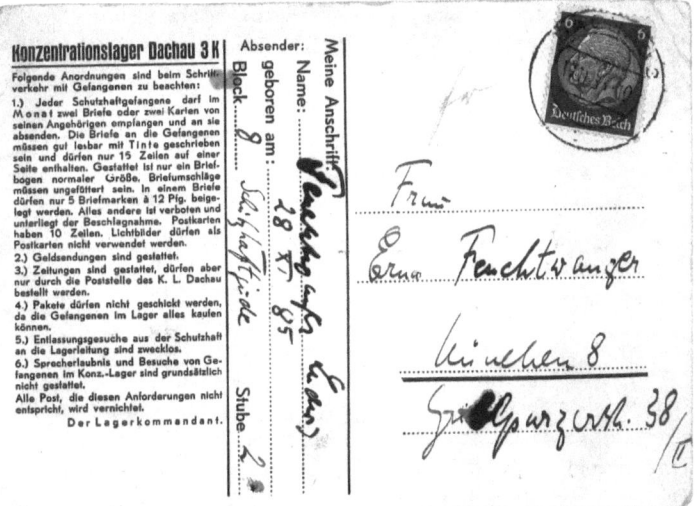

Drei Tage später kam eine Karte von meinem Vater in flüchtiger Schrift, dadurch wussten wir mit Sicherheit, dass er im Konzentrationslager Dachau gefangen war. Als ‚Schutzhaftjude' musste er sich darauf bezeichnen.

Dachau, 11.XI.38

Meine Lieben. Es geht uns hier gut. Meine Gesundheit ist ordentlich. Bitte gratuliere Dorle von mir aus zum 18. November, ihrem 21. Geburtstag.

Viele herzliche Grüsse! Schicke mir bitte 15,– M an den umstehenden Empfänger (Angabe genauso mit Geburtsdatum Block 8 Stube 2

Auch Fritz ist [unleserlich] ... bei.

Euer Ludschi

In der Familie wurde mein Vater Ludschi genannt. Meine Mutter und ich hatten große Angst um ihn. Sie heftete sich ihren Orden an, das bayerische König-Ludwig-Kreuz für Heimatverdienste für ihre Wohltätigkeit im 1. Weltkrieg, und ging zu verschiedenen Behörden, um meinen Vater freizubekommen, aber ohne Erfolg. Ich hatte Angst, auch um sie.

Meine Mutter kümmerte sich ab sofort um die Ausreise für die ganze Familie. Sie bat auch ihren Bruder Heinrich Rheinstrom und Lion Feuchtwanger, den Bruder meines Vaters, um Hilfe, die beide ja schon lange nicht mehr in Deutschland waren.

Ich ging seit dem Pogrom nicht mehr zur Schule und bekam am 29.11.1938 ein Austrittszeugnis. Am 5.12. musste ich auf dem Amt eine Kennkarte mit einem großen J für Jude mit Edgar Israel Feuchtwanger unterschreiben.

Meine Eltern haben immer versucht, mir das Gefühl von Sicherheit zu geben. Aber natürlich wusste ich, dass wir ausgestoßen wurden und das Leben für uns als jüdische Familie in unserem Land gefährlich war. Seitdem die Gestapo die Bücher geholt hatte, wusste ich auch, dass wir ausgeraubt wurden. Auf seiner zweiten Karte aus dem Konzentrationslager Dachau wusste mein Vater schon, wie er durch möglichst viele Abkürzungen auf dem wenigen erlaubten Platz möglichst viel schreiben konnte.

Liebste E., Lieber B., Mir geht es gut. Karte. u. Brief zur gr. Freude erhalten, leider kein Geld. Auf dem linken Postabsch. muss auf Rückseite genau umstehende Empfängeradr. mit Geburtstag u. 8/II stehen. Karten dürfen nur durch Karten beantw. w., Pakete dürfen nicht empfangen w. Schickt 40 M. Postsch. Vollm. hast Du seit 30. Betreibe Auswandg. weiter, Stuttgart N° frage Schwägerin Erna.

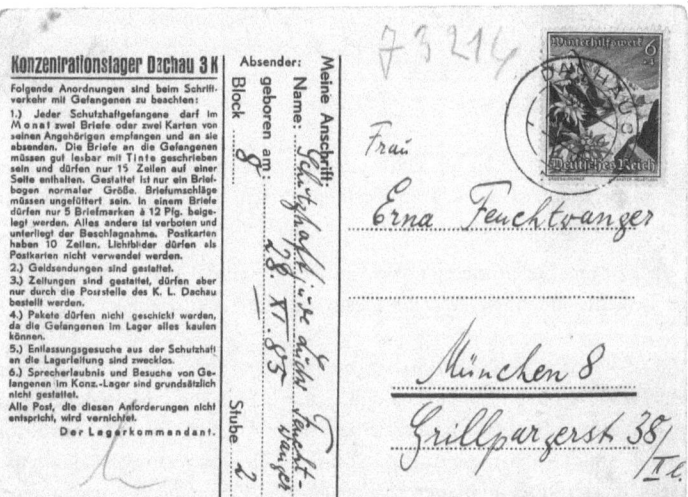

Affidavit u. England. Staatsbibl. Bücher dch. Bürschi zurück. Ist Versich.=feld N° 1 eingeg.? Ich bleibe zuversichtlich, denke immer an Euch beide, war über gr. Aufmerksamkeit glücklich, als ich Alfred Haas' Zeilen vor mir sah. Alles Herzliche, 1000 Küsse L.

Meine Mutter bemühte sich weiter um eine mögliche Ausreise. Mein Vater fragte auf seiner letzten Karte aus Dachau nach Neuigkeiten aus England und Amerika.

Man brauchte Unmengen von Papieren für eine Ausreise. Meine Mutter ließ mir von einem Arzt ein Gesundheitsattest ausstellen.

Die Wochen in Dachau haben meinen Vater fast umgebracht. Als er am 19. Dezember 1938 zurückkam, erkannte ich ihn kaum wieder. Ein in sich zusammengesunkener kleiner Mann mit kahlgeschorenem Kopf und dünnem Körper, die Augen in dunklen Höhlen versunken, das graue Gesicht mit roten und blauen Flecken übersät. Er stand gekrümmt auf der Türschwelle und seine Kleidung war ihm zu groß geworden, sie hing an ihm herunter. Papa wollte uns nichts vom dem erzählen, was geschehen war. Er ging sofort ins Bett und blieb tagelang liegen.

Meine Mutter lief hin und her, um immer wieder seine Verbände zu kontrollieren und ihm Suppe zu essen zu geben. Mein Vater war noch dürrer als er war, nachdem er 1937 am Magen operiert worden war. Er war blass und hatte Blasen an Händen und Wangen. Die Blasen waren Erfrierungen. Ich hatte noch nie in meinem Leben Erfrierungen gesehen. Er sagte: „Wenigstens kann ich die Hände noch spüren."

Nachdem er sich etwas erholt hatte, erzählte mein Vater doch ein wenig: „Man musste immer rund um den Hof herum. Dann mussten wir stundenlang im Schnee stehen."

Er sagte, manchmal standen SS-Männer neben den Langzeithäftlingen, die die neuen Gefangenen bewachen mussten. Als einige der Gefangenen beim Gang über den Hof stolperten und stürzten, schlugen die SS-Männer auf sie ein und traten sie. Er sagte nicht, was danach geschah. Er sagte auch nicht, dass sein Bruder, mein Onkel Fritz, dort gezwungen worden war, seine von meinem Großvater gegründete Margarinefabrik herzugeben.

Mein Vater sagte: „Bürschi, ich habe dir etwas zu sagen. Wir müssen jetzt ins Ausland."

Reisepass Edgar Joseph Feuchtwanger

Als mein Vater sich etwas erholt hatte, ging alles ziemlich schnell. Heinrich Rheinstrom, Lion Feuchtwanger und Jakob Reich, ein Schwager meines Vaters in Palästina, hinterlegten in London zusammen 1.000 Pfund für die ganze Familie, damit wir die Einreiseerlaubnis für England bekommen konnten.

Am 3.1.1939 wurde mir der Reisepass ausgestellt, diesmal ohne den Zwangsnamen Israel. Und mit meinem Foto mit ernstem, angespanntem Gesichtsausdruck.

Durch einen Freund der Familie erhielt ich ein wenig Englischunterricht. Im Maximilians-Gymnasium in München lernte man keine Fremdsprachen außer Altgriechisch und Latein.

Am 13.1.1939 bekam ich vom Britischen Generalkonsulat in München das Visum in meinen Pass gestempelt.

Über Professor Charles Singer in London wurde Anfang Februar eine Familie gefunden, die mich aufnehmen wollte: Malcolm und Beryl Dyson in St. Mawes in Cornwall. Beryl Dyson schrieb am 5. Februar 1939 einen ersten Brief an meinen Vater und einen an mich. Der Plan war,

(PENZANCE)

5. ii. 39.

Dear Dr Feuchtwanger,

Thank you so much for your letter. Please don't talk of service. We are only doing what we should want someone to do for our own children in similar circumstances.

We are looking forward to meeting Edgar and do hope that he will be happy with us. We shall do our best to make him so.

dass ich sechs Monate bei den Dysons und dann drei bis sechs Monate bei Freunden von ihnen wohnen sollte. Aber ich hatte doch die Hoffnung mit meinen Eltern zusammenzuleben. Sie versicherten mir, dass sie nachkommen würden.

5.ii. 39.

Lieber Dr. Feuchtwanger,

Vielen Dank für Ihren Brief. Bitte sprechen Sie nicht von Dienst. Wir tun nur das, von dem wir hoffen, dass es jemand in einer ähnlichen Situation für unsere Kinder tun würde.

Wir freuen uns Edgar kennenzulernen und hoffen, dass er bei uns glücklich sein wird. Wir wollen alles dafür tun.

Drei unserer Freunde werden sich mit uns um Edgar kümmern. Bitte denken Sie nicht, dass er von Haus zu Haus geschickt wird. Wir denken, dass er mindestens 6 Monate bei uns bleibt und dann 3 oder 6 Monate bei jemand anderem – und so weiter.

Ich meine, Sie sollten etwas über diese anderen Leute wissen und ich möchte gern von ihnen erzählen. Sie haben alle Häuser hier in St. Mawes, aber zwei von ihnen sind nicht das ganze Jahr über hier.

Das sind zunächst Herr und Frau Whiley. Sie sind intelligent, freundlich und nett. Er ist Goldfarbenfabrikant. Er spricht Deutsch und hat eine Zeitlang in Deutschland studiert. Er fährt oft nach Deutschland und viele seiner Freunde, die jetzt in England leben, lebten früher in Deutschland. Er interessiert sich sehr für Musik.

Zweitens, Commander und Frau Phibbs. Er war bis zur Rente bei der Marine. Einige Jahre lang war er für ein Schulschiff für Jungen verantwortlich. Er ist Ire, mag und hat Verständnis für Kinder. Frau Phibbs ist besonders liebenswert.

Drittens, Dr. und Frau Pryde. Er ist Schotte und Professor für schottische Geschichte an der Universität Glasgow. Seine Frau ist Amerikanerin. Während der Semesterferien verbringen sie vier Monate im Jahr hier in ihrem Häuschen. Sie sind warmherzige, freundliche Leute. Er ist ein herausragender Gelehrter, und sie gehören zu unseren engsten Freunden.

Ich kann Ihnen über unsere Freunde nur sagen, dass ich, wenn es um meine eigenen Kinder ginge, sehr glücklich wäre, sie bei solchen Menschen unterzubringen. Sie sind intelligent, weitblickend und großherzig, und ihr Einfluss auf ein Kind wäre sicher gut.

Wir können uns vorstellen, was für ein großer Kummer es für Sie und Ihre Frau sein muss, sich von Ihrem Sohn zu trennen, auch wenn sich herausstellen sollte, dass es nur für kurze Zeit ist, und wir möchten Ihnen versichern, dass er in guten Händen sein wird.

Es war ziemlich einfach, Edgars Empfang in Croydon zu organisieren. Herr Whiley wird ihn abholen. Er kann ein paar Tage bei ihnen in London bleiben, und wenn sie zu ihrem Haus hier runterkommen, wird er mit ihnen im Auto fahren, was sicher angenehmer ist als mit dem Zug.

Wir wissen, was für eine große Veränderung das für Edgars Leben bedeutet, und wir wollten seinen Anfang in England, mit der Lebensweise und den Leuten hier so sanft, schrittweise und einfach wie möglich gestalten.

Aus dem gleichen Grund glauben wir, dass es besser wäre, ihn bis nach den Sommerferien nicht mit der Schule zu behelligen, wenn Sie einverstanden sind. Ich hoffe, Sie und Frau Feuchtwanger stimmen uns zu, dass es für Edgar besser wäre, sich erst einmal bei uns einzuleben, sich langsam an alles zu gewöhnen und die Sprache zu lernen.

Ich schicke Ihnen ein paar Postkarten von St. Mawes, denn sicher wollen Sie wissen, in was für einen Ort Edgar kommen wird. Es ist ein angenehmer, friedlicher Fleck und wir führen ein angenehmes, friedliches Leben – vielleicht eher ruhig.

Wie Sie wahrscheinlich wissen, ist mein Mann Arzt, und wir wären Ihnen sehr dankbar, wenn Sie uns alles über Edgars Gesundheit mitteilen würden – was er für Krankheiten hatte und ob er irgendwelche Beschwerden hat, so dass wir vorbereitet sind und uns so gut wie möglich kümmern können.

Vielleicht ist es am Anfang ein bisschen schwierig zu arrangieren, aber wir können Professor Singer (er ist der Sohn eines englischen Rabbis), um Hinweise bitten. Durch ihn haben wir zuerst von Edgar gehört.

Wir wollen ihn auch so gut es geht in seiner Musik unterstützen.

Wenn Sie je Sorgen oder Ängste haben, während Edgar hier ist, so zögern Sie bitte nicht, uns zu schreiben. Es kann sein, dass Probleme oder Schwierigkeiten auftauchen, die ihm gar nicht bewusst sind oder von denen er mit uns nicht sprechen mag, mit Ihnen aber schon, in diesem Fall zögern Sie bitte nie, es uns zu sagen, und auch wenn Sie uns etwas fragen möchten, schreiben Sie uns bitte jederzeit.

Meine eigenen Kinder – Mädchen und Junge – sind erst 4 und 2 Jahre alt, also zu jung für Edgar, aber ich bin sicher, dass wir uns alle gut verstehen werden.

Ein Wiener Bildhauer und Maler, Hans Reuss und seine Frau, wohnen jetzt hier, und der Arzt des Krankenhauses hier, Dr. Schnitzler, ist mit uns befreundet, so dass Edgar nicht nur unter ganz Fremden ist.

Mein Mann und ich senden Ihrer Frau und Ihnen und Edgar unsere herzlichsten Grüße.

Beryl Dyson

Long Lodge.
St Mawes.
Cornwall.

5. ii. 39

Dear Edgar,

We are looking forward very much to having you with us.

Don't worry about your English; I feel sure you will pick it up quite quickly.

I now have an Austrian cook. When she came, the only German I knew was "Auf Wiedersehn" and the only English she knew was "broken" – which I understand means the same in English and German! However, we had no real difficulty and now, of course, she speaks very well.

I forgot to tell your father and mother in my letter, that the climate here is very mild and healthy. Snow is almost unheard of, we have not had any for 4 years.

Our house looks out on to the sea. We have had a good many storms this winter, and the seas are sometimes magnificent.

Mr. Whiteley will meet you at Croydon, and will bring you down in his car to us. I do hope you will have a good journey.

Yours very sincerely
Beryl Dyson.

2. Kapitel

St. Mawes, 5. ii. 1939

Lieber Edgar,

wir freuen uns sehr darauf, dass Du zu uns kommst!

Mach dir keine Sorgen um dein Englisch; ich bin sicher, dass du es ziemlich schnell lernen wirst. [...]

Ich habe vergessen, deinem Vater und deiner Mutter in meinem Brief zu sagen, dass das Klima hier sehr mild und gesund ist. Schnee gibt es fast gar nicht, wir haben seit vier Jahren keinen gehabt.

Unser Haus guckt auf das Meer. Wir hatten diesen Winter viele Gewitter, und das Meer ist manchmal prachtvoll. [...] Ich hoffe, dass du eine gute Reise hast.

Mit freundlichen Grüßen,

Beryl Dyson

Meine Sachen wurden für einen Umzugscontainer, einen Liftvan, aufgelistet und mussten genehmigt werden. Am 13. 2. wurde mein Kofferinhalt der Devisenstelle vorgeführt und verzollt und am Dienstag, den 14. 2. 1939 ging meine Reise los.

Am Anfang war ich nicht allein. Mein Vater begleitete mich, meine Mutter blieb auf dem Münchner Bahnsteig zurück. Wir fuhren mit dem Zug von München über Würzburg am linken Rheinufer entlang in Richtung der niederländischen Grenze. Auf der anderen Rheinseite sah ich Züge fahren. „Am Rheinstrom entlang", sagte mein Vater, Rheinstrom war ja der Mädchenname meiner Mutter. Ich schaute die meiste Zeit aus dem Fenster auf die Weinberge und Schlösser. Wir fuhren am Loreleyfelsen vorbei. Mein Vater kannte das Gedicht von Heinrich Heine über die schöne Jungfrau Lorelei, die einen Schiffer ins Verderben stürzt, auswendig. Aber mich interessierte noch mehr das Mittagessen im Speisewagen, das ein besonderes Vergnügen war – für uns beide, denn wir aßen beide gern im Speisewagen, während der Zug durch die Landschaft fuhr. Wir hielten in Köln und fuhren durch das verrauchte Ruhrgebiet.

Es war das zweite Mal in meinem Leben, dass ich eine Reise außerhalb Oberbayerns machte. Im September 1937, kurz vor meinem 13. Geburtstag fuhr meine Tante Bella Feuchtwanger mit mir nach Berlin. Sie ging auch mit mir zum Essen in den Speisewagen. Tante Bella war die Schwester meines Vaters und eine sehr lustige Frau. Sie hatte keine Kinder und arbeitete in Halle an der Saale im Korrespondenz-Verlag ihres Bruders Martin Feuchtwanger als Journalistin. Sie hatte den tschechischen Herrn

Rabbiner Arpad Traubkatz geheiratet, um besser vor der Verfolgung durch die Deutschen geschützt zu sein. Sie hatte die Gefahr schon früh erkannt. Meine Eltern durften mit ihren Pässen das Land nicht verlassen – sie erzählte von der Bewegungsfreiheit in Prag und war sehr stolz auf ihren tschechischen Pass, mit dem sie reisen konnte, wie sie wollte. In Berlin wohnten wir bei Tante Franziska Diamant, der Schwester von Tante Bella und meines Vaters. Ich blieb auch einige Tage bei Tante Lilly, der ersten Frau meines Vaters. Sie besuchte mit mir die Schokoladen- und Zuckerwarenfabrik Venetia mit hunderten von Angestellten, die Herrn Hermann Lewandowski gehörte. Mit ihm war sie befreundet, er war der Schwager von Tante Franziska. Ich wunderte mich über die langen, großen Maschinenanlagen. Die weiß gekleideten Mitarbeiter bewegten sich ruhig hin und her. Und es roch unvergesslich nach Schokolade und Vanillin. Am Liebsten mochte ich die Venetia-Orangenschokolade, außerdem wurden dort 40 verschiedene Bonbonsorten hergestellt. Als Geburtstagsgeschenk durfte ich soviel Schokolade und Süßigkeiten aus der Fabrik essen und mitnehmen, wie ich wollte.

Als mich mein Vater begleitete, 1939, war ich schon 14 und dachte, ich sei schon fast erwachsen. Ich wusste, dass es diesmal eine längere Reise werden würde, eine Reise für unbestimmte Zeit, die mich in Sicherheit bringen sollte. Es war aufregend, ich war gespannt, was ich erleben würde und dachte in diesem Moment nicht daran, dass ich meine Eltern möglicherweise nicht mehr wiedersehen würde. Ihnen muss es aber sehr wohl bewusst gewesen sein. Kurz vor der holländische Grenze hielt der Zug bei Emmerich.

Auf dem Bahnsteig sah ich zwei Männer in Uniform. Ich sah, wie mein Vater zusammenzuckte. Normalerweise war er ruhig und zurückhaltend. Aber ich erinnerte mich daran, wie er seine Beherrschung verlieren konnte. Meine Eltern wollten immer vor mir verbergen, wie sehr sie sich fürchteten, spätestens aber, als mein Vater 1936 seine Stelle im Verlag verloren hatte, weil Juden in solchen Stellen nicht mehr zugelassen waren, spürte ich ihre Angst und hatte sie auch selbst in mir.

Vor meiner Reise mussten meine Eltern alle Gegenstände aus Gold, Platin oder Silber sowie Edelsteine und Perlen abliefern. Mein Vater war gerade dabei gewesen, alles in einen Koffer zu legen, als er plötzlich den alten silbernen Kerzenständer, den er von seinen Eltern geerbt hatte, auf den Boden schleuderte und ihn mit aller Gewalt kurz und klein zertrat.

2. Kapitel

Nie zuvor hatte ich ihn so rasend wütend gesehen. Jetzt im Zug hatte ich Angst, dass er wieder so wütend werden könnte. Denn während der Reise hatte ich ja gemerkt, wie entschlossen er war, mich aus Deutschland hinauszubringen.

Die Grenzpolizisten rissen die Tür des Abteils auf und befahlen: „Papiere!"

Ich presste meine Lippen aufeinander. Meine Hände waren schweißnass. Mein Vater war blass. Er reichte meinen Pass und seine Kennkarte mit dem roten J. Leise sagte er, dass ich nach England reise.

„Warum fahren Sie nicht mit? Verschwinden Sie gleich mit!"

Ich war sicher, dass mein Vater nun schreien würde: „Warum soll ich denn mein eigenes Land verlassen?"

Aber er sagte nur: „Ich bereite meine Ausreise vor."

Die Männer gaben die Papiere zurück, drehten sich um und verließen das Abteil. Gewiss wussten sie nicht, dass der Bruder meines Vaters der Schriftsteller Lion Feuchtwanger war, Autor des Romans „Erfolg", über eine unheimliche, lächerliche Figur als Führer der wahren Deutschen, die Hitler darstellte. Onkel Lion konnte daher seit 1933 nicht mehr nach Deutschland zurückkehren. Ihm war die deutsche Staatsangehörigkeit aberkannt und sein Besitz und Vermögen beschlagnahmt worden. Die Regierung behielt sich vor, diese Entscheidung auch auf Familienangehörige auszudehnen. Wenn die Polizisten die Verbindung zwischen uns und jemandem hergestellt hätten, der es gewagt hatte, sich deutlich gegen den „Führer" auszusprechen, wären wir vielleicht nicht entkommen. Diese Angst war immer da, wenn mein Vater etwas mit offiziellen Stellen zu tun hatte.

Als der Zug schließlich in Emmerich hielt, verabschiedeten wir uns und mein Vater stieg aus. Er blieb einen Moment auf dem Bahnsteig stehen. Ich hörte den Pfiff zum Abfahren, der Zug fuhr los. Auch in diesem Augenblick dachte ich nicht daran, dass ich ihn vielleicht nie wieder sehen würde. Jetzt war ich allein.

Anfang 1939 wussten wir nicht, was noch kommen würde. Aber das Gefühl von großer Gefahr war immer da. Als der Zug jenseits der niederländischen Grenze angekommen war, war ich erleichtert. Das Dritte Reich lag hinter mir. Ich fühlte, dass ich einem bösen Land entkommen war. Es war, als ob ein schweres Gewicht von meinen Schultern genommen worden war. Der Albtraum der Lebensgefahr war vorbei. Am 14. 2. 1939 hatten das Grenzkommisariat Emmerich meine Ausreise und die niederländischen Grenzbehörden in Zevenaar meine Einreise in den Pass hineingestempelt. Jetzt begann ein Abenteuer.

Der Zug erreichte schließlich Hoek van Holland. Dort musste ich nur der Menschenmenge zum Hafen und zu einem großen Schiff folgen. Wie sie zeigte ich meine Schiffspassage und ging mit meinem Koffer an Bord. Zum ersten Mal roch ich das Meer und schmeckte das Salz auf den Lippen. In der Finsternis konnte man wenig sehen. Später hörte ich zum ersten Mal die Schreie der Möwen, genau wie wir sie jetzt hier in St. Mawes hören. Es war aufregend. Es hieß, ich sei immer ein neugieriges Kind gewesen. Ich war wissbegierig.

Die Leute haben mir mit meinem schweren Gepäck bis in die bequeme Schiffskabine mit vier Betten geholfen.

„Kommst du für längere Zeit nach England?" fragte die englische Frau freundlich.

„I don't know", sagte ich. Ich konnte nur wenig Englisch sprechen. Plötzlich fühlte ich Angst. Jetzt wurde mir bewusst, dass ich ohne meine Eltern auf mich allein gestellt in einem fremden Land mit einer fremden Sprache würde leben müssen.

Aber die Frau und ihr Mann in der Kabine schienen zu wissen, dass ich einige Zeit in England bleiben musste. Sie sagten, in England bräuchte man nur zu sagen, dass man ‚Refugee' sei, dann sei alles ‚allright'. Die Frau empfahl mir die Schule von Kurt Hahn, der früher die Schule Salem in Deutschland geleitet hatte. Sie sagten aber nicht, dass auch er als Jude Deutschland hatte verlassen müssen.

Warum sprach ich so wenig Englisch? Warum war ich nicht besser vorbereitet? Meine Eltern hatten mir nur einmal auf der Karte gezeigt, wo in Cornwall ich wohnen würde.

Gleich nachdem Hitler 1933 Reichskanzler wurde, hatte mein Vater nach Ländern gesucht, in die wir immigrieren könnten, wenn die Situation noch schlimmer werden würde. Das war schwierig. Visa für El Salvador, ein Land, von dem ich noch nie gehört hatte, lagen auf seinem Schreibtisch, aber heute vermute ich, dass sie nicht echt waren.

2. Kapitel

Onkel Martin, Onkel Berthold und Tante Bella hatten sich in die Tschechoslowakei geflüchtet und dachten, sie seien dort sicher. Der Bruder meiner Mutter, Heinrich Rheinstrom, war ja schon 1933 von einer Auslandsreise nicht zurückgekehrt und 1937 vom Deutschen Reich ausgebürgert worden. Zwei meiner Tanten, Medi und Henny, waren nach Palästina emigriert, das damals als Mandat des Völkerbundes verwaltet wurde. Mein Vater bekam 1936 Visa für Palästina, aber entschied sich nach einem Besuch in Palästina, nicht dorthin zu emigrieren, weil damals die Schulen dort nicht gut genug für seinen Sohn waren.

Die Menschen wussten zu der Zeit nicht, was noch geschehen würde. Wie ich, liebte mein Vater seine Heimat Bayern. Er glaubte, dass das Land von Goethe und Schiller, von Mendelssohn und Heine niemals in solch eine Dunkelheit absinken könnte. Er wollte seine Heimat nicht verlassen, denn er hoffte, dass der Nationalsozialismus eine Übergangsphase sein würde.

In jedem Fall waren Reisevisa nur unter größten Schwierigkeiten zu bekommen.

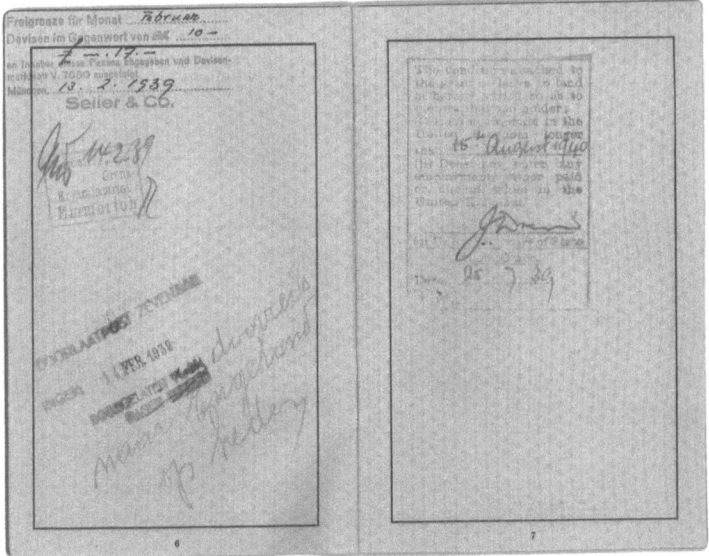

Visum und Einreisestempel

Am Morgen des 15. 2. 1939 gegen sieben Uhr bekam ich im Hafen Harwich die Erlaubnis an Land zu gehen, mit einer Aufenthaltserlaubnis für sechs Monate ohne Arbeitserlaubnis in meinen Pass gestempelt. Die Frau, die mir unterwegs geholfen hatte, sagte bei der Einreise, ich sei Refugee und so wurde mein Koffer nicht geöffnet.

Vom Hafen musste ich zur Bahn. Am Bahnhof Liverpool Street wurde ich abgeholt von Mr. Whiley, einem Engländer und Freund der Familie Dyson, und Trude Scharff, einer jungen, sehr unternehmungslustigen Frau, die meine Eltern aus München kannten. All das war zuvor verabredet. Trude Scharff war schon früher nach London emigriert.

Herr Whiley sprach sehr gut Deutsch, da er in Deutschland studiert hatte und oft Dienstreisen dorthin machte. Er begrüßte mich: „Well, Edgar. Pleased to meet you. Schön, dass du hier bist. Viele meiner Freunde aus Deutschland wohnen jetzt in England. Du bist herzlich willkommen."

Vielleicht hat er recht, dachte ich.

Trude sagte: „Bürschi, du schaust erschöpft aus. Du kommst jetzt mit uns nach Hause hier in Cleveland Gardens. Dann kriegst du erstmal Frühstück."

Ich war der Bürschi. Das ist die bayerische Art, ‚Bube' zu sagen. Ich war der einzige Sohn meines Vaters und das einzige Kind meiner Mutter, deswegen nannten mich alle ‚der Bürschi'. Auch alle Bekannten der Familie, sogar alle Nachbarn im Haus.

Mit dem Taxi brachten mich Mr. Whiley und Trude Scharff zu ihr nach Hause. Noch im Taxi schrieb ich auf den Knien eine Postkarte an meine Mutter. Alles ging ganz schnell. Trude hatte eine Briefmarke dabei. Wir frühstückten zuerst bei ihr. Leider kann ich mich nicht erinnern, was es zum Frühstück gab. Englische Brötchen schmeckten nicht so gut wie unsere Münchener Semmeln. Immer noch esse ich mit 99 Jahren Käse und Schinken zum Frühstück, genauso wie ein Bayer, nicht wie ein Engländer.

> Liebe Mama!
>
> Ich bin gut angekommen. Die Seereise verlief sehr ruhig. Ich hatte eine gute Gesellschaft. Nun bin ich in L. und fahre gleich nach Truro weiter. Frl. S. und Mr. Whiley waren an der Bahn. Viele Grüsse, bald schreibe ich länger. Dein B.
>
> Er ist sehr gut angekommen und dampft eben vergnügt ab. Also auf recht bald! TS.

Liebe Mama!

Ich bin gut angekommen. Die Seereise verlief sehr ruhig. Ich hatte eine gute Gesellschaft. Nun bin ich in L. und fahre gleich nach Büro weiter. Fr. S. and Mr. Whiley waren an der Bahn. Viele Grüsse, bald schreibe ich länger.

Dein L.

Er ist sehr gut angekommen
& dampft eben vergnügt ab.
Also auf recht bald! Eß.

3. Kapitel

Nach dem Frühstück brachten mich die beiden zum Bahnhof Paddington Station. Mein Gepäck wurde aufgegeben. Bevor ich noch wusste, wo ich war, saß ich schon allein in der 3. Klasse im Riviera Express auf dem Weg nach Cornwall. Die Mitreisenden waren sehr freundlich zu mir und die Fahrt nach Truro war schön und beruhigend, vor allem, als der Zug eine Weile direkt an der Küste entlang fuhr.

Endlich sah ich das Meer bis zum Horizont bei Tageslicht mit hohen Wellen mit Schaumkronen. Bisher kannte ich ja nur die oberbayerischen Seen. Nach sieben Stunden Reise hielt der Zug in Truro. Mrs. und Mr. Dyson standen am Ende des Bahnsteigs im heißen, belebten Bahnhof voller Dampf von den Zügen und mit schreiendem Bahnhofspersonal. Die vierjährige Jennifer war auch dabei, aber nicht der zweijährige Julian. Ich war überrascht, dass die Dysons so jung waren, viel jünger als meine Eltern.

Beryl umarmte mich und sagte: „Lieber Edgar, ich bin sicher, dass wir uns alle sehr gut verstehen werden. Freut mich, dass du hier bist! Willkommen in unserer Familie!"

Sie fragte, wie meine Reise gewesen sei. Ihr Mann, Dr. Malcolm Dyson, sagte wenig, aber auch er lächelte freundlich.

Dann sagte Beryl: „Unsere Köchin Maria kommt aus Österreich und hat sehr schnell Englisch gelernt. Als sie bei uns ankam, konnte ich nur ‚Auf Wiedersehen!' auf Deutsch sagen, und sie konnte nur ‚broken' auf Englisch sagen. Aber jetzt verstehen wir einander sehr gut."

Ich war hungrig. Es war mir peinlich, das zu sagen. Aber Beryl ahnte, was ich dachte.

„Und Maria hat einen Eintopf mit Kartoffeln für uns zubereitet und möchte, dass wir immer etwas Gutes zu essen haben."

Ich nickte.

„Du musst auch viel Obst essen und draußen spielen. Unser Haus liegt direkt am Strand. Und sobald wir nach Hause gekommen sind, schreibe ich deinen Eltern, um ihnen mitzuteilen, dass du angekommen bist."

Ich war sprachlos. War es wirklich so, dass es in England genügte, zu sagen, man sei Refugee? War dann wirklich alles allright? Ich wollte auf

Telegramm an die Eltern

jeden Fall, dass meine Eltern das dachten, damit sie sich um mich keine Sorgen machten. Herr Dyson gab auf dem Postamt in Truro ein Telegramm an meine Eltern auf. Dann fuhren wir mit dem Auto die 20 Meilen nach St. Mawes durch die hügelige grüne Landschaft, manchmal sah ich zwischen den Hügeln das tiefblaue Meer.

Antonia: Ich habe noch den Brief von Herrn Dyson an deine Eltern. Er wollte ihnen versichern, dass du in ihrer Familie glücklich sein würdest.

16. II. 1939.

Mein lieber Doktor und meine liebe Frau Feuchtwanger.

Edgar kam gestern Abend wohlauf in Turo an. Er wirkte von der langen Reise nicht erschöpft. Er aß mit gutem Appetit und wir schickten ihn früh zu Bett.

Meine Frau und ich möchten Ihnen sagen, dass wir mit Edgar bestimmt sehr froh sein werden. Ich hoffe, dass er nicht so einsam sein wird. Ich fürchte aber, dass er das anfangs sein wird, weil wir hier in einem ziemlich kleinen Ort sind und es keine Kinder in seinem Alter gibt.

Falls er je in seinen Briefen an Sie unglücklich erscheint, aus Gründen, die wir beheben können, dann hoffe ich, dass Sie uns das so bald als möglich mitteilen. Herr Whiley und Fräulein Scharf haben ihn zusammen am Bahnhof Liverpool

16.II.39.

My dear Dr & Mrs Feuchtwanger,

Edgar arrived at Truro safely yesterday evening. He did not appear to be distressed after his long journey He made a fairly good meal and we got him to bed early.

My wife and I would like you to know that we shall be very happy indeed with Edgar. I hope that he will not be too lonely. I'm afraid that he is bound to be at first as this is rather a small place and there are no suitable children of his age here.

If at any time in his letters to you Edgar appears at all unhappy from causes that could be remedied by us I hope you will immediately let us know. Mr. Whiley & Mrs Scharf both met him at Liverpool Street and he was

able to see a little of London before he
left for Cornwall.

We are both so sorry to hear that
Mrs. Feuchtwanger has influenza
and hope that she will soon be better.
I do assure you we shall do our best
to look well after your son and as
far as it is possible make him feel that
this is a second home.

 I am
  Yours very sincerely
   Malcolm Dyson.

Street empfangen und konnten ihm ein bisschen von London zeigen, bevor er nach Cornwall abgefahren ist.

Es tut uns leid, dass Frau Feuchtwanger Grippe hat und wir hoffen, dass es ihr bald besser geht.

Ich versichere Ihnen, dass wir alles in unseren Möglichkeiten tun werden, uns gut um ihren Sohn zu kümmern und ihm das Gefühl zu geben, dass dies sein zweites Zuhause ist, soweit wie es möglich ist.

Ich verbleibe mit sehr freundlichen Grüßen

Malcom Dyson

Edgar: Ich schrieb meinen Eltern am ersten Tag in St. Mawes auch einen Brief. Gleich am ersten Tag schon begann ich mich mithilfe der Dysons einzuleben.

St. Mawes, 16. II. 39.

Liebe Mama und lieber Papa!

Ich bin nun hier, und es geht mir sehr gut. Die Überfahrt war ruhig. Ich war mit 3 anderen J. in einer Kabine. Ich rate euch, 1. Klasse im Schiff zu nehmen, während in England 3. genügend ist, denn sie ist auch gepolstert. Ich hatte eine gute Gesellschaft, die mir überall half. Sie empfahl mir die Schule von Curt Hahn, der früher Salem geleitet hat. In England braucht man nur zu sagen, dass man ein Refugee ist, dann ist alles allright. Als Trude S. in London mein Gepäck aufgab, sagte sie, ich sei ein R. und da hatte ich nichts zu zahlen. In L. war Mr. Whiley und Trude S. an der Bahn. Wir fuhren zu Trude in die Wohnung und frühstückten. Dann fuhr ich von Paddington weiter nach Truro (pron. Truöro) in der Bahn fuhr [ich] mit einer Dame von den Scilly Islands, die auch sehr nett war. Um 4 Uhr kam ich in Truro an. Dr. Dyson und Frau waren an der Bahn. Auch die Tochter war da. Sie sind wirklich <u>ganz besonders nette</u> Leute. Auch die Kinder sind reizend. Ich kann mich gut verständigen, niemand spricht deutsch. Mein Zimmer ist sehr gross, hat ein grosses Fenster auf das Meer und auf den Garten, in dem Palmen wachsen. Das Haus liegt direkt am Ufer. St. Mawes (pron. St. Moaes nicht Meirs) ist ein wunderbarer Ort. Es ist ein ewiger Frühling und ganz warm. Ich kenne schon die nähere Umgebung, denn ich [war] ein paar mal mit Doktor D. im Auto, als er seine Patienten besuchte. Die See ist hier blau wie das Mittelmeer und Flüsse kommen von drei Seiten. Die Leute sind alle sehr nett zu mir. Leider kann man im Brief nicht alles so gut schildern. Das nächste Mal schreibe ich Englisch. Ich nehme jeden Morgen ein Bad. Das Essen ist sehr gut. Doktor D. und seine Frau sind beide sehr jung und noch viel netter und herzlicher als ihr letzter Brief. Mr. Whiley kommt immer übers Wochenende hier heraus. Er hat eine Fabrik für Edelmetalle und Vergoldung mit 250 Arbeitern

3. Kapitel

1   St. Mawes, 16.II.39.

Liebe Mama und lieber Papa!

Ich bin nun hier und es geht mir sehr gut. Die Überfahrt war ruhig. Ich war mit 3 andern J. in einer Kabine. Ich rate Euch, 1. Klasse im Schiff zu nehmen, während in England 3. genügend ist, denn sie ist auch gepolstert. Ich hatte eine gute Gesellschaft, die mir überall half. Sie empfahl mir die Schule von Curt Hahn, der früher Salem geleitet hat. In England braucht man nur zu sagen, dass man ein Refugee ist,

2/ dann ist alles allright. Alles Trude S. in London mein Gepäck aufgab, sagte sie, ich sei ein R. und da hatte ich nichts zu zahlen. In L. war Mr. Whiley und Trude S. an der Bahn. Wir fuhren zu Trude in die Wohnung und frühstückten. Dann fuhr ich von Paddington weiter nach Truro (pron. Trürö) In der Bahn fuhr mit einer Dame von den Scilly-Islands die auch sehr nett war. Um 4 Uhr kam ich in Truro an. Dr. Dyson und Frau waren an der Bahn. Auch die Tochter war da. Sie sind wirklich ganz besonders nette Leute. Auch die Kinder sind reizend. Ich kann mich

3/ gut verständigen, niemand spricht deutsch.
Mein Zimmer ist sehr gross, hat ein grosses
Fenster auf das Meer und auf den Garten,
in dem Palmen wachsen. Das Haus liegt
direkt am Ufer. St. Mawes (spron. St.
Mo's nicht Me'vs) ist ein wunderbarer Ort. Es
ist ein ewiger Frühling und ganz warm.
Ich kenne schon die nähere Umgebung, denn
ich ein paar mal mit Dr. D. im Auto, als er
seine Patienten besuchte. Die See ist hier
blau wie das Mittelmeer und Stürme kommen von drei Seiten. Die Leute sind alle
sehr nett zu mir. Leider kann man im Brief
nicht alles so gut schildern. Das nächste Mal
schreibe ich Englisch. Ich nehme jeden Morgen ein Bad. Das Essen ist sehr gut. Dr.
D. und seine Frau sind beide noch sehr

4.)
jung und noch viel netter und herzlicher als ihr letzter Brief. Mr. Whiley kommt immer übers Wochenende hier heraus. Er hat eine Fabrik für Edelmetalle und Vergoldung mit 250 Arbeitern und ist technisch sehr interressiert. Prof. S. ist ein berühmter Professor für Medicin und seine Frau ist sozial sehr viel tätig. Dr. D. und noch ein Arzt sind die einzigen Ärzte in weitem Umkreis. Für mich war alles bis ins Letzte und mit grosser Liebe vorbereitet. Hier sind 2 servants, eine österr. Köchin und eine Nurse. Ihr könnt ~~ganz~~ beruhigt. Schreibt bald. Viele Küsse

Euer

Buschi

und ist technisch sehr interessant. Prof. S. ist ein berühmter Professor für Medicin und seine Frau ist sozial sehr viel tätig. Dr. D. und noch ein Arzt sind die einzigen Ärzte in weitem Umkreis. Für mich war alles bis ins Letzte und mit großer Liebe vorbereitet. Hier sind zwei servants, eine österr. Köchin und eine Nurse. Ihr könnt <u>ganz</u> beruhigt [sein]. Schreibt bald. Viele Küsse.

Euer
Bürschi

Long Lodge,
St. Mawes,
Cornwall.
18. 2. 1939.

Lieber Dr. und liebe Frau Feuchtwanger,

Bitte verzeihen Sie mir, wenn ich Sie nicht korrekt anspreche, da ich nur die englische Art und Weise kenne. Und dann hoffe ich, dass Sie ein maschinengeschriebener Brief nicht stört, denn ich weiß, dass er vielleicht einfacher zu lesen ist als meine Handschrift!

Ich möchte Ihnen sagen, dass wir sehr froh sind, Edgar bei uns zu haben; er ist ein Schatz. Er macht überhaupt keine Mühe und passt sich sehr gut an.

Er ist in guter Verfassung und isst gut. Meine Köchin, die uns alle immer mästen möchte, ist entschlossen, das gleiche mit Edgar zu tun!

Er sagte uns, dass er Grippe hatte, und mein Mann meinte, ihm könnte ein Tonikum guttun, also bekommt er Irradex, das unsere Kinder den ganzen Winter über nehmen. Es ist sehr gut, besteht aus Lebertran, Vitamin B, Eisen und Malz. Er isst auch viel Obst und geht so oft wie möglich an die frische Luft.

Sein Studium betreffend, glaube ich, dass sie mir zustimmen, dass ihm die Schule nichts nützt, bevor er nicht besser Englisch spricht. Ich habe deshalb an ein Ferncollege geschrieben und sie werden uns einen Arbeitsplan mit Büchern, die gelesen werden sollten, schicken usw... Das Ziel ist es, Schüler für die London Matriculation vorzubereiten, was ein sehr nützlicher Abschluss ist. Ich schicke Ihnen mit diesem Brief eine Beschreibung der Prüfung und der dafür notwendigen Fächer.

Wie Sie sehen können, sind Englisch und Mathematik Pflicht. Musik ist offenkundig auch ein gutes Fach für Edgar, dann kann er noch zwei Fächer wählen. Eins wäre natürlich Deutsch und das andere, denke ich, sollte Latein sein. Matriculation mit Latein ist später im Leben für so viele Berufe notwendig.

Natürlich wird er in der Schule auch andere Fächer lernen, aber in dieser Prüfung, glaube ich, dass die Fächer, die ich Ihnen genannt habe, am sichersten für ihn sind.

Ich werde mit ihm jeden Tag arbeiten, so viel ich kann, drei oder 4 Stunden hoffentlich. Am Anfang machen wir nur Englisch, Mathematik und Latein. Geschichte und Geographie können wir für später aufheben.

Ich wollte ihn anfangs nicht zu vielen neuen Dingen aussetzen, aber an einem Tag in dieser Woche bringen wir ihn zu einer sehr musikalischen Dame, die ihn spielen hören und uns einen Lehrer empfehlen wird. Ich fürchte, wir werden nicht so ein hohes Unterrichtsniveau wie in München finden, aber wir bemühen uns. Wir hören ihn sehr gerne spielen und für Jennifer hat er ein bezauberndes Stück komponiert. Die Kinder mögen ihn sehr und wollen immer, dass er mit ihnen spielt!

Meinem Mann und mir tut es furchtbar leid, dass Sie und Edgar voneinander getrennt sind, und wir werden uns sehr um ihn bemühen. Er wird Ihnen natürlich oft schreiben und wir schreiben von Zeit zu Zeit, damit Sie wissen, wie er zurecht kommt.

Mit herzlichsten Grüßen
Ihre,
Beryl Dyson

In St. Mawes war damals im Frühling alles friedlich. Nur wenige Leute hatten Autos. Man hörte die Möwen und das Rauschen der Wellen. Für Jennifer und Julian habe ich Sandburgen am Strand gebaut. Ich hatte nie Brüder oder kleine Schwestern und so war es für mich etwas Neues, mit kleinen Kindern zusammen zu sein. Die Kinder wollten immer mit mir spielen, aber mit 14 interessiert man sich nicht so für kleine Kinder. Ich hatte auch nicht soviel Zeit, denn Mrs. Dyson fing schon nach zwei Tagen an, mit mir zu lernen und nachmittags fuhr ich mit Mr. Dyson über die schmalen Straßen zu seinen Patienten zu Hausbesuchen. Aber ich mochte die Kinder. Sie hörten mir zu, wenn ich Klavier und Geige übte. Jennifer gefiel es und sie wollte auch ein Instrument lernen.

Ich schlief auf einem Klappbett mitten im Kinderzimmer und fühlte mich wie ein Kuckuck in ihrem Nest. Das sagte ich Jennifer und sie erwiderte: „Nein, du bist kein Kuckuck. Es ist doch schön, dass du hier bist."

Da war ich sehr erleichtert. Ich habe mir eine kleine Melodie für sie ausgedacht. Jedes Mal, wenn Jennifer ins Musikzimmer kam, spielte ich sie für sie. Ich bat meine Eltern, mir einen neuen Geigenbogen zu schicken. Ich war so mit meinem neuen Leben beschäftigt, dass ich mich im nächsten Brief sogar bei der Jahreszahl geirrt habe.

Doch die Angst um meine Eltern war immer da. Ich dachte, ich müsste hier alles so schnell wie möglich tun, das bedeutete, nicht als Deutscher

3. Kapitel

aufzufallen und möglichst schnell die Sprache zu lernen, um in die Schule gehen zu können. Ich war jetzt in Sicherheit und als Beryl Dyson mir sagte, es gäbe eine Familie in Schottland, die ein Kind aus Deutschland aufnehmen würde, wollte ich helfen, Beate Siegel schnell nach England zu holen. Ich vermisste meine Freundin. Ich schrieb meiner Mutter, sie solle Fotos und alle wichtigen Angaben von Beate direkt an mich und nicht an Dr. Dyson zu senden. Ich hatte das Gefühl, als sei ich in nur wenigen Tagen erwachsen geworden.

St. Mawes, 18. II. 38.

Liebe Mama, lieber Papa!

Wie geht es Euch? Mir geht es ausgezeichnet. Wie Mrs. Dyson Euch schreibt, werde ich nun die Vorbereitungen für das Matric machen. Ich lerne jeden Tag mit ihr 3 Kapitel Caesar. Wir haben nun 6. Die Leute sind hier reizend, Ihr könnt es euch nicht vorstellen wie nett, besonders Dr. und Mrs. Dyson. Heute war ich in Truro, 1 Stunde mit Auto, um mich beim Polizeiamt anzumelden, es war aber nicht nötig. Ich habe 6 Monate Aufenthaltserlaubnis, die Verlängerung ist nur Formsache. Dann gingen wir zum „hairdresser" und ließen mein Haar auf englischen Schnitt machen. Ich sehe sehr gut aus, bei meiner Ankunft war schon eine Medizin bereitgestellt zur Kräftigung. Ich mache jeden Morgen einen 1 1/2 stündigen Spaziergang mit Mrs. Dyson und den Kindern am blauen Meer entlang durch subtropische Flora. Später fahre ich meistens mit Dr. Dyson im Auto zu den Patienten. Ich spiele viel Clavier und habe schon etwas componiert. Ich werde auch im Orchester von St Mawes mitspielen. Es ist kein richtiges Orchester, es sind nur ein paar Dilettanten, die sich zum musizieren treffen, aber sie nennen es so. Morgen bin ich zum Tee zu Commander Phipps eingeladen. Er hat ein wunderschönes altes Haus. Im Sommer lebt er auf seiner Yacht. Mr. Whiley kommt nur zum Wochenende heraus. Er hat mich eingeladen, mit ihm Motorboot zu fahren. Er hat ein Motorboot, eine Yacht und 3 Autos. Dr. Dyson's Kinder sind sehr nett, richtig englisch. Mrs. Dyson sagte mir heute, dass sie jemand wüsste, der ein Kind nimmt. Bitte sage vielleicht der Mutter von Bobie Siegel, sie soll Photografien und alle Personalien zu mir schicken, möglichst schnell, denn die Leute sind hier wirklich sehr hilfreich. Wenn Ihr mich mal anrufen wollt, so macht Ihr das am besten nächsten Samstag Abend nach 7 Uhr, Nummer: St. Mawes 241, denn R-Gespräch ist von England nicht möglich. Wie geht es in euren Auswanderungsdingen? Ist das nach dem neuen Übereinkommen leichter? Bitte kauft für mich einen guten Violinbogen, da meiner schlecht ist. Mein Gepäck war vollkommen in Ordnung und wurde an keiner Grenze geöffnet, selbst in England nicht, da die Dame aus dem Coupé sagte, ich sei ein Refugee. Die Leute sind hier sehr schwer zu verstehen, da sie sehr schnell reden. Am besten verstehe ich Mrs. Dyson, denn sie spricht zu mir

St. Mawes, 18. II. 38.

Liebe Mama, lieber Papa!

Wie geht es Euch? Mir geht es ausgezeichnet. Wie Mrs. Dyson Euch schrieb werde ich nun die Vorbereitungen für das Matric machen. Ich lerne jeden Tag mit Ihr 3 Kapitel Caesar. Wir haben nun 6. Die Leute sind hier reizend, Ihr könnt es Euch nicht vorstellen wie nette, besonders Dr. und Mrs. Dyson. Heute war ich schon Truro 1 Stunde mit Auto um mich beim Polizeiamt anzumelden, es war aber nicht nötig. Ich habe 6 Monate Aufenthaltserlaubnis, die Verlängerung ist nur Formsache. Dann gingen wir zum "hairdresser" und liessen mein Haar auf englischen Schnitt machen. Ich sehe sehr gut aus, bei meiner Ankunft war schon eine Medizin bereitgestellt zur Kräftigung. Ich mache jeden Morgen einen 1½ stündigen Spaziergang mit Mrs. Dyson und den Kindern am blauen Meer entlang durch subtropische Flora. Später fahre ich meistens mit Dr. Dyson im Auto zu den Patienten. Ich spiele viel Clavier und habe schon etwas componiert. Ich werde auch im Orchester von St. Nawes mitspielen. Es ist kein richtiges Orchester es sind nur ein paar Dilletanten, die sich zum musizieren treffen, aber sie nennen es so. Morgen bin ich zum Tee zu Commander Stibbs eingeladen. Er hat ein wunderschönes altes Haus. Im Sommer lebt er auf seiner Yacht. Mr. Whiley kommt nur zum Wochende heraus. Er hat mich eingeladen, mit ihm Motorboot zu fahren. Er hat ein Motorboot, eine Yacht und 3 Autos. Dr. Dyson's ~~sind sehr~~

Kinder sind sehr nett, richtig englisch. Mrs. Ryon sagte mir heute, dass sie jemand wüsste, der ein Kind nimmt. Bitte sage vielleicht der Mutter von Bobie Siegel, sie soll Photografien und alle Personalien zu ~~Dr.~~ mir schicken, möglichst schnell, denn die Leute sind hier wirklich sehr hilfreich. Wenn Ihr mich mal anrufen wollt, so macht Ihr das am besten nächsten Samstag abend nach 7 Uhr Nummer: St. Mawes 241, denn R-Gespräch ist von England nicht möglich. Wie geht es in Euren Auswanderungsdingen? Ist das nach dem neuen Übereinkommen leichter? Bitte kauft für mich einen guten Violinbogen, da meiner schlecht ist. Mein Gepäck war vollkommen in Ordnung und wurde an keiner Grenze geöffnet, selbst in England nicht, da die Dame aus dem Coupé sagte ich sei ein Refugee. Die Leute sind hier sehr schwer zu verstehen, da sie sehr schnell reden. Am besten verstehe ich Mrs. Dyson, denn sie spricht zu mir besonders langsam. Die Kinder verstehe ich kaum, besonders den Buben nicht, da sie noch sehr klein sind und oft Unsinn reden. Selbst Mrs. Dyson versteht den Buben oft nicht. Schreibt mir bald länger, nicht nur Karten. Sage Tante Clem einen schönen Gruss, ich werde auch an sie schreiben. Liebe Küsse

Euer. B.

besonders langsam. Die Kinder verstehe ich kaum, besonders den Buben nicht, da sie noch sehr klein sind und oft Unsinn reden. Selbst Mrs. Dyson versteht den Buben oft nicht. Schreibt mir bald länger, nicht nur Karten. Sage Tante Clem einen schönen Gruß, ich werde auch an sie schreiben. Viele Küsse,

Euer B.

Letztlich konnte Beate zunächst nicht kommen, weil die Familie nicht genug Platz hatte.

Ich erinnere mich daran, wie Beates Vater, der Rechtsanwalt Michael Siegel, im März 1933 im Keller des Polizeipräsidiums in der Ettstraße von SA-Männern zusammengeschlagen worden war. Er wollte sich für einen Mandanten einsetzen, der widerrechtlich festgenommen und ins Konzentrationslager Dachau verschleppt und dessen Kaufhaus von SA-Männern demoliert worden war. Mehrere Zähne wurden Dr. Michael Siegel im Polizeipräsidium ausgeschlagen und sein Trommelfell war geplatzt. Die SA-Männer trieben ihn danach blutend, mit abgeschnittenen Hosen und barfuß und mit einem Schild um den Hals durch die Straßen der Innenstadt. Auf dem Schild stand: „Ich werde mich nie mehr bei der Polizei beschweren." Der Fotograf schickte das Foto an die ausländische Presse, bis heute wird es immer wieder abgedruckt. Ich sehe Herrn Siegel noch vor mir, wie er nach dieser schrecklichen Erfahrung aussah, mit seinem geschwollenen Gesicht.

Historisches Foto von Michael Siegel

4. Kapitel

Vor dem Krieg ging die Post zwischen England und Deutschland regelmäßig und zuverlässig. Die Briefe brauchten zwischen München und St. Mawes drei oder vier Tage, da es in St. Mawes keinen Bahnhof gab und gibt. Meine Eltern hatten mir frankierte Blankopostkarten mitgegeben, damit ich ihnen regelmäßig schreibe. Von ihnen habe ich fast jeden Tag eine Postkarte bekommen. Ich schrieb ihnen auch fast jeden Tag. Ich konnte damals nicht ahnen, dass manche dieser Karten und Briefe bis ins 21. Jahrhundert aufbewahrt werden würden.

Damals konnten wir auch manchmal telefonieren. Meine Eltern mussten den Telefonisten, der Auslandsgespräche verband, anrufen und sich von ihm verbinden lassen. So konnten wir zu einer vorher vereinbarten Zeit miteinander sprechen. Aber nicht lange, weil es zu teuer war. Nachdem ich die Stimme meiner Mama das erste Mal am Telefon gehört hatte, schlug ich vor Freude Purzelbäume durch das Wohnzimmer der Dysons. Aber nach jedem Gespräch kam immer die Angst. Wie stand es um ihre Planung, auch Deutschland zu entkommen?

„Wie geht es mit Euren Auswanderungsdingen voran?" und „Kommt bitte bald!" schrieb ich immer wieder.

Ich unterschrieb immer mit ‚Bürschi' anstatt mit ‚Edgar'. Erst in St. Mawes bin ich Edgar geworden. Mit meiner Emigration bin ich Edgar geworden.

St. Mawes, Friday, Febr., 24, 39

Lieber Papa und Mama!

Ich freue mich sehr, jeden Tag eine Karte von Euch vorzufinden. Ich bin sehr glücklich hier zu sein (hier die versprochenen: Ja, ja, ja etc. usw.). Kommt auch bald! Diese Woche war abwechselnd schönes und schlechtes Wetter. Montag war ein wunderbarer Tag. Dienstag war es ungeheuer stürmisch. Ich war bei Mr. Whiley und spielte Klavier. Er führte dann die 3. Sinfonie Beethoven mit Schallplatten auf. Es war sehr schön. Dann spielten wir Teile aus der Zauberflöte unter Beecham[13]. Mr. Whiley hat eine ganze Maschinerie, um ein Stück von mehreren Platten pausenlos aufzuführen. Dr. Dyson hat sein Klavier zur Reparatur gegeben, damit ich besser spielen kann. (Gerade wird es wieder zurückgebracht). Das Lernen ist, wie ihr aus meinem letzten Brief ersehen konntet, in

---

[13] Der Dirigent Sir Thomas Beecham.

Lieber Papa und Mama! St. Mawes, Friday, Febr. 24, 39.

Ich freue mich sehr, jeden Tag eine Karte von Euch vorzufinden. Ich bin sehr glücklich hier zu sein (hier die versprochenen: Ja, ja, ja etc. usw.). Kommt auch bald! Diese Woche war abwechselnd schönes und schlechtes Wetter. Montag war ein wunderbarer Tag. Dienstag war es ungeheuer stürmisch. Ich war bei Mr. Whiley und spielte Klavier. Er führte dann die 3. Symphonie Beethoven mit Schallplatten auf. Es war sehr schön. Dann spielten wir Teile aus der Zauberflöte unter Beecham. Mr. Whiley hat eine ganze Maschinerie um ein Stück von mehreren Platten pausenlos aufzuführen. Dr. Dyson hat sein Klavier zur Reparatur gegeben, damit ich besser spielen kann (Gerade wird es wieder zurückgebracht). Das fer-

nen ist, wie Ihr aus meinem letzten Brief ersehen konntet, in besten Händen. Die Schule von St. Mawes wird nur von armen Kindern besucht. In St. Mawes sind im Winter nur die Eingeborenen. Im Sommer kommen dann die Leute von den Städten aber nur ganz Reiche können es sich leisten. Gestern war ich in Truro (so weit wie München – Pasing). Das Englischlernen aus dem Buch nützt nicht viel. Ein andermal mehr darüber. 1000 Küsse Hirsch

Dr. Ludwig Feuchtwanger
Munich (Germany)
Grillparzerstr. 38/II

besten Händen. Die Schule von St. Mawes wird nur von armen Kindern besucht. In St. Mawes sind im Winter nur die Eingeborenen. Im Sommer kommen dann die Leute von den Städten. Aber nur ganz Reiche können es sich leisten. Gestern war ich in Truro (so weit wie München-Pöcking). Das Englischlernen aus dem Buch nützt nicht viel. Ein andermal mehr darüber.

1000 Küsse Bürschi

Zwei Tage später erklärte ich meinen Eltern, wie es mit dem Englischlernen stand.

St. Mawes, Febr. 28th, 39.

Liebe Eltern,

Nun schreibe ich auf Englisch. Zuerst über die englische Sprache: ich spreche den ganzen Tag nur Englisch, deshalb bin ich gezwungen, Englisch zu denken. Um die Englischlektionen im Buch zu machen. Sprechen und Lesen, englische Aufsätze zu schreiben nützt auch. Ich mache das. Und das gesprochene Englisch unterscheidet sich ziemlich vom geschriebenen, zum Beispiel eines der meist gesprochenen Wörter ist to get: Jemand hat ein sehr schönes Segelboot, gesprochen: Jemand ‚got an awfully (oofly) nice' s-b.'; Jemand ist hässlich; gesprochenes Englisch: Jemand ‚got' ein sehr hässliches Gesicht und so weiter.

Gestern kamen die Bücher vom Cambridge College: Latein (Matriculation Latein, Lateinkurs, Latein, Book, Auswahl lateinischer Autoren), englisch (Matriculation, Englischkurs, eine Einführung in die Literaturkritik), Algebra, Arithmetik, Geometrie. Wir haben Latein gemacht, sehr einfach. Grammatik vom Anfang, Übersetzung ein bisschen schwieriger. Das Englisch war nur eine Analyse des Wortes Grammatik. Und Mathematik auch einfach. Wir haben den genauen Plan, was wir jede Woche tun sollen. Wir haben schon sehr viel davon gemacht. Am Ende der Woche bekamen wir unser erstes Papier aus Cambridge. Ihr seht, das geht gut so.

Zweitens zu Euren Fragen: Schickt die Briefmarken, die Noten, die Bücher und, wenn möglich, meine Dampfmaschine mit Zubehör.

Wir machen nicht mehr Cäsar, weil wir die Bücher und den Lernplan aus Cambridge bekommen haben.

Ich soll einmal in der Woche in Falmouth Musikunterricht bekommen. Ich spiele auch schon mehr Geige.

Ich habe kaum Schwierigkeiten mit der Sprache. Gestern war ich bei Commander Phipps eingeladen und ich konnte fließend über alltägliche Dinge sprechen. Über andere Sachen zu sprechen, fällt mir ein bisschen schwer. Aber es war in Ordnung.

Bitte ruft mich nächsten Samstag nach 7:00 Uhr unserer Zeit an, nicht Eurer Zeit.

St. Mawes, Febr. 28th, 39.

Dear Parents,

Now I write in English. First about the English language: I speak the whole day only English, therefor I am forced, to think in English. To do the English lessons in the book is without any use. The only thing is speaking and reading. To make English compositions is also useful. I do so. And the spoken English is quite different from written, e. g. one of the most spoken words is 'to get'. Somebody has a very nice sailing-boat, spoken: Somebody got a awfully (offly) nice s.-b.; Somebody is ugly, spoken English: somebody got a very ugly face and so on.

Yesterday came the books from the Cambridge College: Latin (Matriculation Latin Course, Latin construing book, Selection from Latin Authors) English (Matriculation English Course, Primer of Literatury Criticism), Algebra, Arithmetic, Geometrie. The

~~Latin~~ We did the Latin, very simple. Grammar from beginning, translations a little more difficult. ~~Engl~~ The English was only a analysis of the word grammar. The Mathematic also simple. We have the exact scheme, what to do every week. We have already done a lot. On the end of the week we get our first paper from Cambridge. You see, that is allright.

Secondly about your questions: Send the stamps, the notes, the books and, if possible, my steamengine with appurtenances.

We do no more Caesar, because we got the books and the plan of learning from Cambridge.

I shall have Musik Lessons in Falmouth once a week. I play now more the violin, too.

I have not too much difficulties with the language. Yesterday I was invited by Commander Phibbs and I could speak fluently about or- dinary things. I am a little handicaped to speak about special things. But it was allright.

Please, phone next saturday after Y our time not your time.

For you it is of course, the only thing, to write English, too, because you speak only once a week one hour english with Mr. Mullally.

About the post in St. Mawes the following: It is very bad, because St. Mawes has no Railway-station. Letter from and to Munich take usually 3 days, often four.

I look very well and my health is also allright. I am very happy to be here. Come as soon as possible! What is with your Work at Macmillan's and with your Commitee? Is that now better? Please write soon. I am very pleased to speak with you on Saturday evening.

Dr. and Mrs. Byron, I write it again, are especially nice people. But the other people is also very nice.

Yesterday I was with Commander Phibbs. They are nice people. He is very interested in ships and made a wonderful, quite exact model of his own ship.

I sleep very well and hear nothing, even not when the Doctor to go in the night to patient. He is very busy and learns also for medical examine with papers and so on.

I go everyday twice out for a walk. Dear Mummy, you would be excited about this. I made some pictures, but I get the proofs only tomorrow morning, therefor I can not do it in this letter.

I am very bad in writing therefor I wrote only to few people.

Come as soon as possible. Till that all good 1000 kiss
                                    Yours
                                        Türschi

Für Euch ist es natürlich das einzige auch auf Englisch zu schreiben, weil Ihr ja nur einmal in der Woche 1 Stunde Englisch mit Mrs. Mullally sprecht.

Über die Post in St. Mawes folgendes: sie funktioniert schlecht, weil St. Mawes keinen Bahnhof hat. Briefe von und nach München brauchen normalerweise drei Tage, oft auch vier.

Ich sehe sehr gut aus, und meine Gesundheit ist auch gut. Ich bin sehr froh, hier zu sein. Kommt so schnell wie möglich! Was ist mit Deiner Arbeit bei Macmillan's und mit Deinem Komitee? Ist das jetzt besser? Bitte schreib bald. Ich freue mich sehr am Samstagabend mit Euch zu sprechen.

Dr. und Mrs. Dyson, ich schreibe das noch mal, sind ganz besonders nette Leute. Aber die anderen Leute sind auch sehr nett.

Gestern war ich mit Commander Phipps zusammen. Sie sind nette Leute. Er interessiert sich sehr für Schiffe und hat ein wunderbares, ziemlich genaues Modell von seinem eigenen Schiff gemacht.

Ich schlafe sehr gut und höre nichts, nicht mal, wenn der Doktor in der Nacht zu einem Patienten gehen muss. Er ist sehr beschäftigt und lernt auch für eine medizinische Prüfung mit Papieren und so weiter.

Ich gehe jeden Tag zweimal draußen spazieren, liebe Mama, Du wärst begeistert. Ich habe ein paar Bilder gemacht, aber ich bekomme die Kontaktbögen erst morgen früh, deswegen kann ich sie nicht in diesen Brief stecken.

Ich bin schlecht im Briefe schreiben, deswegen habe ich nur wenigen Leuten geschrieben.

Kommt so schnell wie möglich.

Bis dahin alles Gute, 1000 Küsse.

Euer
Bürschi

Dass ich täglich hinausgehe, wollte ich meiner Mutter schreiben, denn in München musste ich immer mit dem Kindermädchen ‚an die frische Luft' und wäre doch lieber zu Hause sitzen geblieben.

Die Dysons erwiesen sich als Glücksfall für mich. Sie waren sehr gut zu mir. Sie waren entgegenkommend, bestens informiert und wussten genau Bescheid über alles, was für die Aufnahme eines Flüchtlingskindes erforderlich war. Beryl gab mir jeden Tag Englisch-, Latein- und Mathematikunterricht, für das englische ‚Matric'. Ihre Familie stammte aus Jersey, einer der Kanalinseln, und sie sprach einen französischen Dialekt.

Beryl sagte: „Ich bin außerhalb des englischen Festlands aufgewachsen. Ich weiß, was ein Neuankömmling lernen muss."

Ich fragte: „Soll ich für immer hier in England bleiben so wie du?"

„Das weiß ich nicht", sagte sie. „Aber ich denke, du lernst sehr gut, wie man ein Engländer wird."

Sie lehrte mich viele Dinge, die alle Einwanderer lernen müssen. Als ich ein Jahr später Beryls Mutter und ihre Tante kennenlernte, erfuhr ich über ihre Familie mehr. Sie mussten selbst auch flüchten, weil die Deutschen inzwischen die Inseln besetzt hatten.

Beryl sagte: „Du Armer, es muss sehr schwer gewesen sein, so plötzlich entwurzelt zu werden."

So fühlte ich mich nicht. Meine Eltern hatten mir vor der Ausreise gesagt: „Wenn du dort bist, klage und jammere nicht." Ich habe versucht, das neue Leben als Chance zu sehen, musste es ja als gegeben hinnehmen und wollte auch nicht darüber nachdenken. Allerdings war mir nicht bewusst, dass ich hier in England dem fast sicheren Tod entging.

Das Stück, das ich für Jennifer komponiert hatte, gefiel ihr sehr gut. Das Klavier der Dysons war kaputt, als ich ankam, aber es wurde bald repariert. Beryl gestand, dass sie befürchtet hatte, ich könne die englische Musik weniger anspruchsvoll finden als die deutsche. Ich hatte meinen Eltern geschrieben, dass ich das St. Mawes Orchester ein bisschen primitiv fand, aber ich hätte das vor ihr nie zugegeben. Einmal fuhr ich mit den Dysons eineinhalb Stunden mit dem Auto, um eine Aufführung von Mozarts Oper Idomeneo in Urfassung im Theater in Falmouth zu sehen.

In Falmouth wohnte auch, wie ich erst als Erwachsener erfahren habe, ein jüdisches Flüchtlingskind. Sie hieß Ingrid Pollak und war mit dem Kindertransport gekommen. Vielleicht habe ich Ingrid gesehen, aber ich glaube, wir hätten nicht erkannt, dass wir etwas gemeinsam hatten. Später schrieb sie, dass die Leute schon nach wenigen Monaten annahmen, sie sei Engländerin. Auch ich hatte meine Haare ja im englischen Stil schneiden lassen und sprach, wie alle Flüchtlinge, in der Öffentlichkeit kein Deutsch. Ich hätte Ingrid gern getroffen. Ich schrieb meiner Mutter, dass ich wie ein englischer Junge weiße Hosen und Shorts für Tennis und Cricket kaufen wollte. Wie alle Flüchtlingskinder wollte ich in der Öffentlichkeit nicht als Deutscher auffallen und erkannt werden.

St. Mawes, March 2nd, 39.

Dear Parents,

I was very pleased to get your letter. I am very well and happy. My English is getting better but it takes time. I have 3 subjects for Matrick: English, Latin and Mathematics. Latin and Mathematics are easy, but English difficult. Please, don't write too much about it. Please send me a "Feinstimmer" (that is not written in the dictionary and Mrs. Dyson does not know how it is called) for the violin. On Sunday I shall write you a longer letter and send some pictures with, which I took. Today I was in Portscatho, a little village on the open sea. I wish, you could see the landscape. I hope it will be soon. My music is allright.

1000 kiss
Yours Bürschi

Send my protractor, ruler and angles for geometry as quick as possible.

Dr. Ludwig
Feuchtwanger
Munich
Grillparzerstr. 38/II

4. Kapitel

St. Mawes, 2. März 1939.

Liebe Eltern,

ich habe mich sehr über Euren Brief gefreut. Mir geht es sehr gut und ich bin ganz zufrieden. Mein Englisch wird immer besser, aber es dauert seine Zeit. Ich habe 3 Fächer für das Matric: Englisch, Latein und Mathematik. Latein und Mathematik sind einfach, aber Englisch schwierig. Bitte schreibt nicht so viel darüber. Bitte schickt mir einen ‚Feinstimmer' (das steht nicht im Wörterbuch und Mrs. Dyson, weiß nicht, wie man das nennt) für die Geige. Am Sonntag schreibe ich Euch einen längeren Brief und schicke ein paar Fotos, die ich gemacht habe. Heute war ich in Portscatho, einem kleinen Dorf am offenen Meer. Ich wünschte, Ihr könntet die Landschaft sehen. Ich hoffe, es wird bald soweit sein. Mit meiner Musik läuft alles gut.

1000 Küsse.

Euer

Bürschi

Schickt meinen Winkelmesser, Lineal und Geometriedreieck so schnell wie möglich.

St. Mawes, 6. März 39

Liebe Eltern,

ich habe mich sehr gefreut, Euch am Telefon zu hören. Es war so schön! Falls meine Postkarte nicht angekommen ist, schreibe ich noch einmal: ich brauche einen Winkelmesser, ein Lineal und zwei Geodreiecke (30° und 45°). Jetzt über das Englischlernen: ich schreibe jeden Tag einen kurzen Aufsatz von einer Seite und ein Diktat. Das ist das Beste, um einen guten Ausdruck zu erreichen. Die Grammatik ist wirklich das einzige Fundament, in meiner Situation ist es am besten zu sprechen, zu lesen und Aufsätze und Diktate zu schreiben. Neulich habe ich einen langen englischen Brief über meine Reise und ersten Eindrücke geschrieben. Postkarten an Günter W. und an Tante Clem. In der gesprochenen Sprache ändern sich häufig benutzte Wörter über zehn, zwanzig Jahre oft, zum Beispiel marvellous (= wonderful, grand, wunderbar) ist seit 1924 in Gebrauch und immer noch. „Allright" ändert sich zum amerikanischen o.k., o.k. wird in verschiedenen Bedeutungen angewendet, z. B. ein Boxer, der einen anderen k.o. schlägt ist o.k.; awfully (von awful) bedeutet außergewöhnlich, extraordinary (pron.:extrodenery) auf Deutsch „furchtbar" wird mehr und mehr verwendet, zum Beispiel ein sehr netter Mann wird ein awfully (pron.: oof'ly) furchtbar netter Mann und so weiter.

Mrs. Dyson ist sehr gebildet und kann in Mathematik und Englisch alles sehr gut erklären. Sie arbeitet jeden Tag vier Stunden mit mir, manchmal mehr. Ihr seht, ich bin in besten Händen. Die Kinder sind niedlich, Julian 2 1/2, Jennifer 4 1/2 Jahre alt.

St. Mawes, March 6th, 39

Dear Parents,

I was very pleased to hear you at the telephone. How nice it was! In case my postcard has not arrived I write again: I need a protractor, ruler, and 2 angles (30° & 45°) for doing Geometry. Now about my learning English: I write every day a~~re~~ short essay of one page and a dictation. That is the best way to get a good expression. The grammar is really only the foundation, in my state the best is speaking, reading and writing essays and dictations. The other day I wrote a long, english letter about my journey and first impressions, a postcards to Günter W. and Auntie Clem. In the spoken english language the often used words change every ten, twenty years, for instance marvellous (– wonderful, grand (usiminusbous) is since 1924 in use and ~~begins to cease~~ is still;

"allright" changes to the american o.k.,
o.k. is used for in various meaning, e.g.
a boxer who beats another one k.o. is o.k.;
awfully (from awful) means very, extraordinary
(pron. extrōdeneri) in german "furchtbar" comes
more and more in use, e.g. a very nice
man becomes a awfully (pron. oofly) nice
man and so on.

Mrs. Dyson is very well-educated &
can explain every thing in Mathematics
and English very good. She works every
day & often more, hours with me. You see,
I am in the best hands. The children are
sweet little things, Julian $2\frac{1}{2}$, Jennifer $4\frac{1}{2}$
of age. Dr. Dyson is extraordinary kind
and pleasant. He is very industrious and
works now for the highest medicinal examine in England. Mrs. D. is 32, Dr. D. 37
of age.

I go to bed at $\frac{1}{2}$ 11. Before from $\frac{1}{2}$ 10
I have a bathing. In summer is that not
possible, because the water is very short

in St. Mawes at that time. Now are not very many people here, only older. There is Comm. Phibbs, very nice, Capt. Johns, not so well known, Mr. Reuss, the painter, Lord Arran, very high nobility, relation of the king and some others. On March 19th come the Bride's from Glasgow, the closest friends of Mr. D. here. Mr. Whiley comes sometimes on the weekend.

My music lessons begin after Easter. Now play much Schubert, Beethoven Variations, which I former played and so on. I make improvisitions on the violin, too. Mrs. Dyson also plays the violin, but she hasn't played for 8 years and so she must get more use to it.

I have no trouble with my clothes and take the advice of Mrs. D. Cleaning and making room and bed do the servants, two one for children, one for cooking.

4. Kapitel

In the morning I am always the first out, because ~~the others~~ Dr. and Mrs. D. have their breakfast and come down not ~~before~~ half past ~~ten~~ nine and the children stay in the nursery.

I do not hear much wireless and read not much the newspaper, but Dr. and Mrs. Dyson do. The people here have other objects talking about.

Cornwall is a lovely and wonderful county (you say county not country) and the climate is excellent. There is a map.

I am sorry that it is not better, but perhaps you can see it a little. I send some pictures with.

I am <u>very</u> happy here and hope you come soon.
1000 kiss
Yours Bürschi

Dr. Dyson ist extraordinary nett und angenehm. Er ist sehr beschäftigt und lernt jetzt für das höchste Medizinexamen in England. Mrs. D. ist 32, Dr. D. 37 Jahre alt.

Ich gehe um 1/2 11 ins Bett. Vor 1/2 10 bade ich. Im Sommer ist das nicht möglich, denn in St. Mawes ist das Wasser in dieser Zeit sehr knapp. Jetzt sind nicht sehr viele Leute hier, nur ältere. Commander Phipps ist da, sehr nett, Capt. Johns, nicht so bekannt, Mr. Reuss, der Maler, Lord Arran, Hochadel, verwandt mit dem König und anderen. Am 19. März kommen die Prides aus Glasgow. Die engsten Freunde von Dr. D. hier. Mr. Whiley kommt manchmal am Wochenende.

Mein Musikunterricht beginnt nach Ostern. Jetzt spiele ich viel Schubert, Beethoven Variationen, die ich schon früher gespielt habe und so weiter. Ich improvisiere auch auf der Geige. Mrs. Dyson spielt auch Geige, aber sie hat seit acht Jahren nicht gespielt und so muss sie sich erst wieder daran gewöhnen.

Ich habe komme gut mit meiner Kleidung zurecht und höre auf den Rat von Mrs. Dyson. Putzen und Zimmeraufräumen und das Bett machen die Bediensteten, zwei für die Kinder, eine zum Kochen.

Morgens bin ich immer als Erster auf, weil Dr. and Mrs. Dyson frühstücken und nicht vor 9:30 Uhr runterkommen und die Kinder sind im Kinderzimmer.

Ich höre nicht viel Radio und lese kaum Zeitung, aber Dr. und Mrs. Dyson tun das. Die Leute hier haben andere Themen.

Cornwall ist ein wunderbares und schönes county (man sagt county und nicht country) und das Klima ist hervorragend. Hier ist eine Karte:

Es tut mir leid, dass sie nicht besser ist, aber vielleicht könnt Ihr ein bisschen erkennen. Ich schicke Euch hier noch mehr Fotos.

Ich bin <u>sehr</u> glücklich hier und hoffe, Ihr kommt bald.

1000 Küsse,
   Euer
    Bürschi

Beryl Dyson schrieb einmal im Monat an meine Eltern.

6.3.1939
Long Lodge, St Mawes, Cornwall

Lieber Dr. und liebe Frau Feuchtwanger

Edgar ist sehr glücklich, wenn Sie ihn anrufen. Nach dem ersten Mal war er so aufgeregt, dass er in unser Wohnzimmer zurückkam und vor lauter Freude ein paar Purzelbäume schlug!

4. Kapitel

Ich hoffe, dass ich nicht zu kurz angebunden war, als ich mit Ihnen sprach. Denn ich denke, jede Minute, die Sie mit Edgar sprechen können, ist kostbar und ich wollte nicht zuviel Zeit verbrauchen.

Er kommt beim Lernen gut voran. Er arbeitet mindestens vier Stunden pro Tag, und ich bin ungefähr zwei bis drei Stunden dabei.

Er schreibt jeden Tag einen kurzen englischen Aufsatz für mich und ich diktiere ihm einen Text. Das machen wir neben dem Arbeitsplan des Fernstudiums.

Ich finde den Arbeitsplan sehr gut. Die Lehrbücher sind ausgezeichnet und das Material ist gut aufgebaut. Jede Lektion ist klar beschrieben. Ich bin sicher, dass sie ihn in die richtige Richtung führen werden und ihn daran gewöhnen, mit englischen Bücher zu arbeiten, damit er gut auf den Schulanfang im Herbst vorbereitet ist.

In England beginnt das Schuljahr im September. Jede Klasse beginnt in dieser Zeit mit ihrem Lehrstoff. Deswegen ist dies immer die beste Zeit, in einer neuen Schule anzufangen.

Edgars Latein ist vollkommen auf dem verlangten Niveau. Er muss in Mathematik noch etwas aufholen, aber das tut er sehr schnell.

Ich bin froh, dass ich ihn nicht mit Geschichte oder Geografie belastet habe. Er wird das in der Schule gewiss leicht aufnehmen – besonders wenn er besser Englisch spricht.

Für Matric braucht er nur

1 + 2) Englisch und Mathematik (beides Pflichtfächer)

3) Latein, darin ist er stark und wird darum keinen sprachlichen Nachteil haben.

Nebenbei bemerkt ist Matric mit Latein eine Voraussetzung für viele Berufe.

Damit bleiben ihm noch zwei weitere Fächer, die er belegen muss:

4) Musik ist erlaubt, also wäre es zu seinem Vorteil, Musik zu belegen – und natürlich

5) Deutsch.

Edgar sieht sehr gut aus. Er hat das kleine Glas Irradex ausgetrunken und wir denken, er braucht davon nichts mehr.

Er isst gut. Er ist sehr einfach mit Essen, ihm schmeckt alles – was für mich eine große Erleichterung ist.

In dieser Jahreszeit sind leider keine Jungen in seinem Alter hier. Ich fürchte, es ist manchmal ziemlich langweilig für ihn. Aber er geht mit uns spazieren und hat viel mit dem Lernen zu tun, und ich glaube nicht, dass er unzufrieden ist.

Er hat uns mit seinem Briefeschreiben sehr amüsiert: als er ankam, wollte er an alle seine Freunde Briefe schreiben, aber nach einer Weile wurde das Briefeschreiben für ihn wie für die meisten Jungen „furchtbare Nerverei". Er holte eine lange Liste mit allen Namen und Adressen der Leute hervor, an die er schreiben sollte und machte ein Häkchen hinter die Namen derjenigen, an die zuerst Briefe geschrieben werden mussten, und ein anderes Zeichen hinter die anderen! Er hat das mehrere Male mit vielen verschiedenen Zeichen gemacht, aber er konnte sich nicht überwinden, die Briefe zu schreiben! Wir necken ihn oft damit!

In der Hoffnung, dass es Ihnen beiden gut geht, verbleiben mein Mann und ich mit herzlichen Grüßen,

Ihre
Beryl Dyson.

St. Mawes, 14. März 1939.

Liebe Eltern,

unser letztes Telefongespräch war sehr schön und außergewöhnlich klar. Ein Lineal ist nicht nötig, weil wir eins gefunden haben. Ich mache Fortschritte in Englisch. Wenn ich mit der Köchin spreche, sage ich immer: „Ich fühle ganz sicher, da geht ein Dampfer aus" und so weiter. Hinterher erinnere ich mich, wie man es auf Deutsch richtig sagt.

Ich war am letzten Samstag zum ersten Mal in Falmouth. Dort ist ein sehr großer Hafen, aber die Stadt selbst ist klein. Man kann dort sehr gut einkaufen und darum gehen wir zweimal in der Woche nach Falmouth. Man muss mit dem Dampfer hinfahren.

Am nächsten Freitag fange ich mit dem Musikunterricht an. Ich muss nach Penryn, 2 Meilen von Falmouth entfernt. Ich fahre mit dem Bus von Falmouth nach Penryn. Ihr seht, das ist fast eine Reise. Aber die Lehrerin in Penryn ist besser als die in St. Mawes.

In Falmouth war ich im Kino (pictures ist das Wort für Kino) mit Mrs. Johns, der Frau von Captain Johns, einem Freund von Dr. Dyson. Am letzten Freitag war ich bei Commander Phipps zum Essen. Er selbst war nicht da, nur seine Frau und eine andere Dame.

Ich lerne sehr viel Mathematik, weil das englische Niveau in diesem Fach sehr hoch ist. Mein Latein ist sehr gut für englische Verhältnisse und ich brauche mich nicht darum zu sorgen. Auf Englisch schreibe ich jeden Tag einen Aufsatz und ein Diktat, so wie ich es euch gesagt habe.

Mrs. Dyson macht all das mit mir. Sie ist in jedem Fach sehr gut. Sie ist eine voll ausgebildete Anwältin, aber hat auch höhere Mathematik gelernt und ist insgesamt sehr gut ausgebildet.

4. Kapitel

So March, 14th, 39.

Dear Parents,

Our last phoning was very nice and extraordinary clear. Ruler is not necessary, because we found one. I make progresses in English. If I speak with the cook I say always "Ich fühle ganz sicher, da geht ein Dampfer aus" and so on. Afterwards I remember the right German expression.

I was last Saturday in Falmouth for the first time. There is a very big harbour, but the town itself is small. The shoping is very good there and so we go twice a week to Falmouth. You must go by steamer.

Next Friday I begin with Music

lessons. I have to go to Penryn 2 mls. from Falmouth. I go from Falmouth to Penryn by bus. You see, that is nearly a journey. But this teacher in Penryn is better than that in St. Mawes.

In Falmouth I was in the Pictures (usually word for Cinema) with Mrs. Johns, wife of Captain Johns, a friend of Dr. Dyson. Last Friday I was with Commander Phibbs to Tea. He himself was not there, only his wife and another lady.

I learn very much Mathematics, because the English Standard is very high in this branch. My Latin is very good for English conditions and I need not bother about it. In English I write every day an Essay and a Dictation, as I told you.

Mrs. Dyson does all with me.

She is very good in every branch. She is a completely formed lawyer, but has also learned higher Mathematics and is on the whole very well educated.

It becomes spring here and it is very mild. Since some days we go with the children on the beach, but only for playing. Bathing is not before May or June, because the sea is too cold before.

Dr. and Mrs. Pryde come on Sunday. They wrote about Beate S. that she could not come to this Girl to Glasgow, because she has not enough room. Please, tell this Mrs. S.

In St. Mawes begins now the Easter season. After Easter it is quiet till June, then begins the great season. There are two places in St. Mawes, where you can bath. One is direct on our house. First the house then the road and then the sea like in Ammerland. I summer we bath often before breakfast and after supper late in the night. St. Mawes is ideal place in summer. There are regattas and all such things. Enormous prices are paid for all room, e. g. there is a little house near ours, that is let in summer for 15 gns. (315 sh.) a week. On the whole the standard of life is very high in England. A servant gets usually £ 4–5 the months, somebody like the doctor (middle class) £ 800 the year, a worker £ 150 the year, a bank-clerk £ 500–600 a year, you see very high.

1000 kiss Gizelli

Es wird Frühling hier und ist sehr mild. Seit ein paar Tagen gehen wir mit den Kindern an den Strand, aber nur zum Spielen. Baden kann man nicht vor Mai oder Juni, weil das Meer vorher zu kalt ist.

Dr. und Mrs. Pride kommen am Sonntag. Sie schrieben über Beate S. Dass sie nicht zu diesem Mädchen nach Glasgow kommen kann, weil sie nicht genug Platz haben. Bitte sagt das Frau Siegel.

In St. Mawes fängt jetzt die Ostersaison an. Nach Ostern ist es ruhig bis Juni, dann beginnt die Hauptsaison. Es gibt zwei Stellen in St. Mawes, wo man baden kann. Eine ist direkt an unserem Haus. Erst das Haus, dann die Straße und dann das Meer wie in Ammerland. Im Sommer baden wir oft vor dem Frühstück und nach dem Abendessen spät in der Nacht. St. Mawes ist der ideale Ort im Sommer. Es gibt Regattas und andere solche Sachen. Wahnsinnig hohe Preise werden für Zimmer bezahlt, zum Beispiel ist da ein kleines Haus in der Nähe, das wird im Sommer für 15 guineas[14] in der Woche vermietet. Insgesamt ist der Lebensstandard in England sehr hoch. Eine Bedienstete bekommt normalerweise 4–5 £ im Monat, jemand wie der Doktor (Mittelklasse) verdient 800 £ im Jahr, ein Arbeiter 150 £ im Jahr, ein Bankangestellter 500–600 £ im Jahr, Ihr seht, sehr hoch.

1000 Küsse,   Bürschi

Beryl Dyson hatte alles versucht, aber bei ihren Bekannten in Schottland gab es nicht genug Platz für Beate Siegel. Erst viel später erfuhr ich, dass Beate doch noch nach England in Sicherheit gebracht worden war. Im März 1939 emigrierte ihr großer Bruder nach England, im Juni 1939 kam sie selbst mit einem der Kindertransporte nach Kent zu einer kinderlosen Witwe. Mit dem von der britischen Regierung unterstützten Programm wurden über 10.000 jüdische Kinder aus Deutschland und Österreich und ab Mitte 1939 auch aus der Tschechoslowakei und Polen nach England gerettet.

Beide Geschwister waren nun in Sicherheit. Ein Jahr später, 1940, gelang den Eltern die Flucht über Sibirien, Japan und die USA nach Peru.

Manchmal las ich in den britischen Zeitungen Artikel über einen kommenden Krieg, den alle erwarteten. Die Vorstellung, dass meine Eltern bei ihrer Ausreise oder in Deutschland in einen Krieg geraten könnten,

---

[14] Währung vor der Dezimalisierung 1971. Ein Guinea ist ein Pfund plus ein Schilling. 15 Guineas sind 315 Schilling.

machte mir große Sorgen. Jedes Mal, wenn ich ihnen einen Brief schrieb, hatte ich Angst um sie.

In Malcolm Dysons Zeitung las ich, dass am 15. März 1939 deutsche Truppen in die Tschechoslowakei einmarschiert waren und das Land unterworfen hatten. Ich schrieb an meine Eltern, aber sprach nur meine Mutter an.

Was war mit Tante Bella in Prag?

St. Mawes, 21. März 1939

Liebe Eltern!

Ich freue mich sehr, dass Papa so bald kommen kann.

Wir haben es hier so geplant, dass ich bei Commander Phipps und er in meinem Zimmer wohnen kann. Es wäre Platz für zwei da, aber die servants hätten dann zu viel zu tun. Wir erwarten ihn in vielleicht zwei Wochen und er kann hier bleiben, so lange wie er möchte, ich glaube 2–3 Wochen.

Bitte schreib sofort, ob das so stimmt. Er muss seine Fahrkarte nach Truro kaufen und wir holen ihn am Bahnhof ab und bringen ihn nach St. Mawes. Es ist wunderschön hier den ganzen Frühling und es wird ihm sehr gut tun.

Letzte Woche hatte ich meinen ersten Musikstunde in Penryn. Die Lehrerin ist sehr nett, kennt sehr viel Theorie, wie mir scheint, aber ihr Spiel ist nicht das Beste. Sie kritisiert nicht genug, zum Beispiel beim letzten Satz der Haydn Sonate, den ich alleine geübt habe, sagte sie, er sei ohne Fehler und sie habe nichts zu kritisieren. Aber es stimmte natürlich nicht, und meine vorige Lehrerin hätte sehr viel falsch gefunden. An neuen Stücken gab sie mir Bach Inventionen, ein Bach Präludium (wohltemp. Cl., Nummer 14, I. Band) und eine neue Haydn Sonate. Als ich von Penryn zurückkam, war ich alleine, weil Mrs. Dyson ins Kino gegangen war und so nahm ich den falschen Bus, musste aussteigen und an der nächsten Haltestelle einen anderen nehmen.

Ich war letzte Woche zweimal mit Captain Johns im Kino, einmal in Falmouth, einmal in St. Mawes. Er nimmt mich sehr oft mit ins Kino und ich verstehe jetzt mehr.

Wie lange glaubst Du, Mama, wird es dauern, bis Du hierher kommen kannst? Mach so schnell, wie es geht!

Ich muss jetzt aufhören, weil ich rausgehe. Viele Küsse.

Euer B.

Ich habe heute Morgen einen Brief von Onkel Fritz bekommen.

4. Kapitel

~~Febr~~ March, 21st 39

Dear Parents!

I am very pleased to hear that Papa can come so soon.

We made arrangements so that I can live with Command. Phibbs and he lives in my room. There would be room for two, but the servants have too much to do then. We expect him in perhaps a fortnight and he can stay here as long as he wishes, I think 2-3 weeks.

Please write immediately whether that is right. He has to take his ticket to Truro and we meet him at the station and shall bring him to St. Mawes. It is wonderful here all spring, and it will be very good for him.

Last week I had my first music-lesson in Penryn. The teacher, a lady, is very nice, knows much theory as it seems to me, but her playing is not the best. She does not criticise enough, e. g. the last movement of the Haydn Sonata, which I practised by myself, she said would be without any mistake and she has nothing to criticise. But it was, of course not so and my former teacher would have found very much wrong. As new work she gave me a Bach Invention, a Bach Praeludium (Wohltemp. Cl. Number 14 I vol) and a new Haydn Sonata. On my return from Penryn I was allone, because Mrs. Byron went to the cinema, and so I took the wrong bus had to get out and take another one on the next station.

I was last week twice with Captain Jones at the cinema, once at Falmouth and once at St. Mawes. He takes me very often in the cinema and I can understand now more.

How long do you think it will take you, Mama, till you can come there. Hurry as much as possible!

Now I have to finish, because I go out. Many kiss
    Your B.

I received a letter from Uncle Fritz this morning.

In ihrem nächsten Brief schrieben mir meine Eltern auf Englisch und ich habe sogar ihre Fehler korrigiert.

Long Lodge,
St. Mawes, 28. März 1939.

Lieber Papa, liebe Mamma!

Ich schreibe diesmal zur Abwechslung deutsch. Es geht mir sehr gut. Dein englischer Brief hat mich sehr gefreut, wenn auch viele „mistakes", keine „faults" drin waren. Der ganze Brief klingt nach dem Lexikon.

Heute Nachmittag fahre ich nach St. Anthony und mache dort einen Besuch bei jemand, der viel Musik treibt. Dorthin muss man einen sehr weiten Weg machen mit dem Auto, obwohl es ganz nah ist. Man muss um den ganzen Meerarm herum, da nirgends eine Brücke ist.

Ich habe diesen Brief jetzt zwei Tage liegen gelassen und will ihn nun beenden. Eben kam der Bogen an, sehr gut und leicht. Auch die Ostereier waren gut erhalten, aber wir hatten Zoll zu zahlen, der scheinbar auf jedes Paket erhoben wird.

Gerade kommt Euer Brief. Warum, lieber Papa, verschiebst Du Deine Abreise immer wieder, wie gewöhnlich? Zögere nicht zu lange! Du kannst nach St. Mawes kommen, solange Du willst.

Heute Nachmittag gehe ich zu einem Konzert nach Falmouth, zu dem mich Mrs. Radford eingeladen hat. Die beiden Misses Radford sind zwei alte Damen, Schwestern, die die Musik im ganzen District unter sich haben. In St. Mawes haben sie auch einen kleinen Chor. In Falmouth sogar ein Theater, zu dem sie die Bühnenbilder machen und das Orchester dirigieren, während andere Leute aus der Umgebung die Sänger sind. Sie führten zum Beispiel als letztes Werk Idomeneus v. Mozart in Urfassung auf.

In dem Konzert spielten sie Bach, Konzert für zwei Klaviere und Streicher, und Mozart Sonate für zwei Klaviere. Die ältere spielt Violine, die jüngere Klavier. Sie spielten mir auch einiges vor, als ich in St. Anthony war und ich ihnen. Das Konzert ist um 5 Uhr, da geht kein Steamer mehr und man muss 1 1/2 Stunden mit dem Auto zurück fahren. Schade, dass Ihr keine richtige Karte von dem Gebiet habt.

Ich hoffe, Ihr telefoniert am Samstag wieder. Es ist immer sehr nett, nur kurz. Sonst gibt es nicht viel Neues. Ich arbeite jeden Tag mit Mrs. Dyson. Sie ist sehr gut im Lehren.

Viele Grüße und Küsse
Euer Bürschi

Long Lodge, St. Mawes
March 28th 31.

Lieber Papa, liebe Mamma!

Ich schreibe diesmal zur Abwechslung deutsch. Es geht mir sehr gut. Dein englischer Brief hat mich sehr gefreut, wenn auch viele "mistakes", keine "faults" drin waren. Der ganze Brief klingt nach dem Lexikon.

Heute nachmittag fahre ich nach St. Anthony und mache dort einen Besuch bei jemand, der viel Musik treibt. Dorthin muss man einen sehr weiten Weg machen mit dem Auto, obwohl es ganz nah ist. Man muss um den ganzen Meerarm herum, da nirgends eine Brücke ist.

Ich habe diesen Brief jetzt 2 Tage liegengelassen und will ihn nun beenden. Eben kam der Bogen an, sehr gut und leicht. Auch die Ostereier waren gut erhalten, aber wir hatten Zoll zu zahlen, der scheinbar auf jedes Packet erhoben wird. ~~War~~ Gerade kommt Euer Brief. Warum verschiebst du, lieber Papa, Deine Abreise immer wieder, wie gewöhnlich? Zögere nicht zu lange! Du kannst nach St. Mawes kommen, solange Du willst.

Heute nachmittag gehe ich zu einem Konzert nach Falmouth, zu dem mich Mrs. Radford angeladen hat. Die beiden Misses Radford sind zwei alte Damen, Schwestern, die die Musik im ganzen district unter sich haben. In St. Mawes haben sie auch einen kleinen Chor. In Falmouth sogar ein Theater, zu dem sie die Bühnenbilder machen und das Orchester dirigieren, während andere Leute aus der Umgebung die Sänger sind. Sie führten, z.B. als letztes Werk Idomeneus v. Mozart in Urfassung auf.

In dem Konzert spielen sie Bach, Konzert für zwei Klaviere und Streicher, und Mozart Sonate für zwei Klaviere. Die ältere spielt Violine die jüngere Klavier. Sie spielten mir auch einiges vor, als ich in St. Anthony war und ich ihnen. Das Konzert ist um 5 Uhr, da geht kein Steamer mehr und man muss zurück 1½ Stunden Auto fahren. Schade, das Ihr keine richtige Karte von dem Gebiet habt

Ich hoffe Ihr telephoniert am Samstag wieder. Es ist immer sehr nett, nur kurz. Sonst gibt es nicht viel neues. Ich arbeite jeden Tag mit Mrs. Dyson. Sie ist sehr gut im Lehren.

Viele Grusse und Kusse
Euer Bürschi

Ich dachte, mein Vater würde Anfang April kommen. Wir hatten geplant, dass er bei den Dysons und ich bei Commander Phibbs und seiner Frau in ihrem großen Haus Avalon wohnen sollten. Mein Vater hoffte, eine Stelle bei dem großen englischen Verlag Macmillan zu bekommen. Aber das klappte nicht.

Vielleicht hat sich deswegen alles so lange verzögert. Meine Eltern sagten zwar, es seien nur unwichtige Gründe. Doch dass etwas Böses geschehen könnte, kam in meinen Gedanken immer in Betracht.

Warum sind meine Eltern noch nicht bei mir? Ich wusste nicht, was sie alles noch zu tun hatten, bevor sie ausreisen durften.

5. Kapitel

Am 52. Geburtstag meiner Mutter schrieb ich, dass wir am Wochenende telefonieren könnten. Aber als wir sprachen, gab es immer noch keine wirklichen Anzeichen dafür, dass sie kommen würden. Ich schrieb ihr auch, dass ich das jüdische Pessachfest bei Professor Singer und seiner Frau verbracht hatte. Sie waren eine der wenigen jüdischen Familien in Cornwall und mit den Dysons befreundet. Sie waren in den Ausschüssen tätig, die aus Deutschland geflüchteten Wissenschaftlern halfen. Dadurch hatten die Dysons von meiner Familie gehört.

Vielleicht meinte ich, meine Eltern daran erinnern zu müssen, dass es in Cornwall freundliche Menschen gab, die diese Bräuche pflegten.

Aber noch immer kamen meine Eltern nicht.

Long Lodge
St. Mawes,
April, 5th, 39.

Liebe Mamma,

Ich gratuliere Dir herzlichst zu deinem 52. Geburtstag. Leider kann ich Dich nicht sehen, aber am Samstag sprechen wir uns ja am Telefon und es wird nicht mehr lange dauern, bis Du auch hier bist.

Gerade komme ich von Professor S., mit dem ich Pessach gestern Abend feierte. Ich fuhr nachmittags zu seinem Landhaus (gerade hätte ich fast house geschrieben) und schlief die Nacht über dort. Heute fuhr ich zurück mit Auto. Der Seder war ganz in Englisch und sehr kurz. Dann war Pause und dann Supper.

Long Lodge
St. Mawes
April, 5th, 39.

Liebe Mamma,

Ich gratuliere Dir herzlichst zu Deinem 52. Geburtstag. Leider kann ich Dich nicht sehen, aber am Samstag sprechen wir uns ja am telephone und es wird nicht mehr lang dauern bis Du auch hier bist.

Gerade komme ich von Professor S. mit dem ich Pessach gestern abend feierte. Ich fuhr nachmittags zu seinem Landhouse (gerade hatte ich fast "house" geschrieben) und schließlich nacht über dort. Heute fuhr ich zurück mit Auto. Der Leder war ganz in Englisch und sehr kurz, dann war Pause und dann Supper. In der früh war ein kurzer Gottesdienst auch in Englisch. Ausser mir waren noch drei andere Leute eingeladen.

Hier in St. Mawes hatten wir heute eine lunch party, mit Dr. and Mrs. Dryde, die sehr nette und junge Leute sind, und dem Kandidat für das Unterhaus für Süd-Cornwall, der sehr musikalisch ist.

Es ist jetzt sehr warm hier und man schwitzt. Was Kleider anbelangt ist folgendes zu sagen: Weisse lange Hosen und shorts sind gut, auch braucht man sie für Tennis und Cricket, Krawatten wären auch gut, da die englischen sehr hässlich sind. Die Pullover sollten etwas grösseren Ausschnitt haben, um die Krawatte zu zeigen, aber ich benötige keine neuen. Sonst ist alles in Ordnung.

Wie stehen Eure Sachen?

Bitte schreibt mir genau über das!

Sonst gibt es nicht viel neues. Ich habe jetzt 4 Wochen keine Music-lessons, weil Osterferien sind.

Viele Grüsse und Küsse auch an Papa, den ich bald zusehen hoffe

Euer

Bürschi

In der Früh war ein kurzer Gottesdienst auch in Englisch. Außer mir waren noch drei andere Leute eingeladen.

Hier in St. Mawes hatten wir heute eine lunchparty, mit Dr. und Mrs. Pride, die sehr nette und junge Leute sind, und dem Kandidat für das Unterhaus für Süd-Cornwall, der sehr musikalisch ist. Es ist jetzt sehr warm hier, und man schwitzt. Was Kleider anbelangt, ist folgendes zu sagen: Weiße, lange Hosen und Shorts sind gut, auch braucht man sie für Tennis und Cricket, Krawatten wären auch gut, da die englischen sehr hässlich sind. Die Pullover sollten etwas größeren Ausschnitt haben, um die Krawatte zu zeigen, aber ich benötige keine neuen. Sonst ist alles in Ordnung

Wie stehen Eure Sachen?

Bitte schreibt mir genau über das!

Sonst gibt es nicht viel Neues. Ich habe jetzt vier Wochen keine Music-lessons, weil Osterferien sind.

Viele Grüße und Küsse auch an Papa, den ich bald zu sehen hoffe.

                    Euer
                    Bürschi

Long Lodge
St Mawes
Cornwall
8. 4. 1939

Lieber Dr. und liebe Frau Feuchtwanger

Vielen Dank für Ihre Briefe, die Ostereier und das Buch für die Kinder.

Es war sehr nett von Ihnen, so viele Sachen zu schicken; die Kinder sind auch sehr dankbar.

Edgar kommt sehr gut voran. Er arbeitet ziemlich regelmäßig an seinen Lektionen. Wir finden den Arbeitsplan sehr hilfreich und gründlich; ich glaube, in Mathematik hat er schon den Stoff eines Jahres geschafft. Sein Latein war immer gut und sein Englisch verbessert sich ständig. Seine Musiklehrerin sagte, dass sein musikalisches Talent weit über dem Durchschnitt liege, es sei ein Vergnügen, ihn zu unterrichten.

Er scheint bei bester Gesundheit und zufrieden zu sein. Er freut sich darauf, Sie zu sehen.

Ich weiss nicht, ob das zu Ihren Plänen passt, aber unsere Freunde, Dr. und Frau Pryde kommen erst am 28. Mai in ihr Ferienhaus hierher zurück und es wird deshalb ab nächster Woche leer sein. Sie dachten, dass Sie und Edgar vielleicht gerne für eine Weile wieder alle drei zusammen sein würden und wenn Sie bis zum 28. Mai in ihrem Ferienhaus wohnen möchten, können Sie das gerne tun.

Wie Edgar Ihnen wahrscheinlich erzählt hat, hat er das Passahfest mit einigen Freunden gefeiert, die hier in der Nähe wohnen, und dort traf er mehrere andere Flüchtlinge, was für ihn eine schöne Abwechslung war.

Gestern (Karfreitag) war ein sonniger, warmer Tag und Edgar hat den ganzen Nachmittag mit den Kindern am Strand verbracht, wo sie gepicknickt haben. Jennifer und Julian waren begeistert, weil er prächtige Burgen für sie baute.

Mit herzlichsten Grüßen von meinem Mann und mir und vielen Dank für die lieben Geschenke,

Ihre
Beryl Dyson.

Long Lodge
St. Mawes,
11. April 39.

Lieber Papa und liebe Mamm,

Heute will ich Euch einen Brief über englische Bräuche schreiben, worum Ihr mich gebeten hattet.

Wenn man jemanden trifft, den man zuvor nicht kannte, sagen beide Seiten „How do you do". Aber das wird auch oft unter Bekannten gebraucht. Es ist nicht wichtig, ob man rechts oder links von einer Dame geht, aber in der Stadt und überall dort, wo ein Bürgersteig ist, geht man auf der Fahrbahnseite.

Man isst Kuchen und ähnliches nur mit einem Messer. Man schneidet damit und nimmt den Kuchen dann mit den Fingern. Pudding isst man mit Gabel und Löffel oder nur mit der Gabel, aber nie mit einem Löffel allein. In England benutzt man selten Tischdecken.

Du führst den Löffel immer <u>von der Seite</u> an deinen Mund, nie <u>gerade hinein</u>. Aber die Engländer sind nicht sehr steif und es stört sie nicht so, wenn du was falsch machst. Manche guten Manieren sind natürlich in jedem Land nötig.

Ich kann meinen blauen Anzug nicht oft tragen, weil Dr. D. sagt, er sei zu klein, deshalb brauche ich vielleicht noch ein Paar Flanellhosen, die man in England überall trägt (eine etwas größere Größe).

Ich mache gute Fortschritte beim Lernen und mein Englisch ist jetzt auch besser. Papa schreibt immer über seine faults, das ist falsch, wie ich in einem vorigen Brief geschrieben habe, aber er hat sich nicht drum gekümmert, der ungezogene Junge.

Long Lodge
St. Mawes
April 11th, 39.

Dear Daddy and Mummy,

Today I shall write you a letter about English customs you asked me for.

When you meet somebody you did not know before, both parts say "How do you do". But that is often used with well-known persons, too. It does not matter wether you go on the right or left side of a lady, but in town and everywhere, where a pavement is you go on the street-side.

You eat cake and similar things only with a knife you cut with and take it then with the fingers. Pudding you eat with fork and spoon or only with fork, but never with a spoon alone. In England one does not use tablecloths much. You lead the spoon always from side on your mouth, never straight in it. But the English are not very stiff and do not mind it much if you do something wrong. Certain good manners are of course necessary in every country.

I can not wear my blue suit much, because Dr. O. says it is too small, therefor I would need perhaps one more pair of flanelltrawsers, which one needs in England everywhere (a little biger seize).

I make good progresses with my studies and my English is better now, too. Papa writes always about his faults, that is wrong, as I wrote in a letter before, but he did not mind it, that naughty boy.

The whole Easter we had very nice whether, but today it is a little foggy.

I hope that Papa does hurry up. He should write me at once when he arrives in London. Does he know where he shall live? And who meets him at the station? Please write all those things very exactly.

1000 Kiss

Yours

L.

St. Mawes, 18.IV.39

Dear Parents,

I am very pleased to see you so soon. I hope you got all what is necessary now. This week I was invited to Comm. Phibbs, where two children from my age and their parents, a professor from Oxford, were staying. They went away the next day and are now staying with Prof. Sig. So in Cornwall you meet always the same persons again. The Seder at Prof. Singer was in English and very short. I said Manishtanno, but in English too. The meal was afterwards and during the service one ate Mazohs, Croses and so on. The next morning there was again a short service instead of going to synag.

100 kiss
F.

Dr. Ludw. Feuchtwanger
Grillparzerstr. 38/I
Munich VIII
Germany

5. Kapitel

Das ganze Ostern über hatten wir sehr schönes Wetter, aber heute ist es ein bisschen neblig. Ich hoffe, dass Papa sich beeilt. Er sollte mir sofort schreiben, wenn er in London ankommt. Weiß er, wo er wohnen wird? Und wer holt ihn vom Bahnhof ab? Bitte schreibt alle diese Sachen sehr genau.

1000 Küsse
    Euer
     B.

Meine Eltern müssen mir wirklich genau erklärt haben, was sie alles tun und abgeben mussten und welche Papiere sie brauchten, um Deutschland endgültig zu verlassen.

St. Mawes, 18. IV. 39

Liebe Eltern,

ich freue mich sehr, euch bald zu sehen. Ich hoffe, dass ihr jetzt alles Nötige zusammen habt.

Diese Woche war ich bei Comm. Phipps eingeladen, wo zwei Kinder in meinem Alter und ihre Eltern, ein Professor von Oxford, zu Besuch waren. Sie fuhren am nächsten Tag ab und besuchen jetzt Prof. Sing. Also trifft man in Cornwall die selben Leute immer wieder. Der Seder bei Professor Singer war auf Englisch und sehr kurz. Ich habe Manischtano gesprochen, aber auch auf Englisch. Danach gab's Essen und während des Gottesdienstes haben wir Mazzot, Charosset und so weiter gegessen. Am nächsten Morgen war noch einmal ein kurzer Gottesdienst, anstatt in die Synagoge zu gehen.

100 Küsse B.

St. Mawes,
26. IV. 1939.

Liebe Eltern!

Ich bin sehr enttäuscht zu hören, dass Ihr nicht kommt. Packt ein!

Diese Woche war ich zweimal eingeladen, am Sonntag in St. Mawes mit sehr netten Leuten, es war ziemlich lustig; gestern in Portscatho, sehr langweilig, ich hab die Namen der Leute vergessen.

Das Wetter ist jetzt sehr schön, aber das Meer zu kalt zum Baden. Mein Gesicht und meine Hände sind ein bisschen braun.

In drei Wochen fahren Mrs. Dyson und die Kinder für 14 Tage nach Jersey (Kanalinseln, Mrs. Dyson wurde dort geboren). Nur der Doktor wird hier sein. In der Zeit wohne ich bei Commander Phibbs.

St. Mawes, 26.V.39.

Dear Parents,

I am very disappointed to hear that you are not yet coming. Pack up!

This week I was invited twice, on Sunday in St. Mawes with very nice people, it was quite amusing; yesterday in Portscatho, very dull, I forgot the name who it was.

The weather is ~~now~~ very nice now, but the sea too cold for bathing. My face and my hands are brown a little.

5. Kapitel

In three weeks Mrs. Dyson and the children are going to Jersey (Channel Islands, Mrs. Dyson was born there) for a fortnight. Only the doctor will be here. During that time or I am staying with Commander Phibbs.

There are not many other news to report. I am very well as always. I hope to see you soon. I must finish now because the post is coming and fetching the letters.

Yours.

B.

St. Mawes, 27.4.39.

Dear Mummy!

I see now that I need in any case new flanell trawsers, my old 1 which I wear now every and on the beach too would not do it. For being on the beach sandals (Sandalen) would be better than to wear always my brown shoes.

Jennifer has her Birthday in the beginning of May and I would like to have a present for her. She is 5 years old, but she does not play much with dolls. Perhaps you can think of anything and bring it over.

1000 kiss yours

B.

Dr. Ludw. Feuchtwanger
Munich VIII
Grillparzerstr. 38/II
Germany

5. Kapitel

Es gibt sonst nichts Neues zu berichten.

Ich hoffe, Euch bald zu sehen. Ich muss jetzt aufhören, weil die Post kommt und die Briefe holt.

Euer   B.

Am 5.5.1939 konnten meine Eltern endlich nach England ausreisen. Sie sollten erst einmal in London wohnen und reisten nur kurz nach Cornwall, um mich und die Dysons zu treffen. Es war für mich nicht vorgesehen bei ihnen zu wohnen. Ich sollte in St. Mawes bleiben und mich auf den Eintritt in die private Eliteschule Winchester vorbereiten.

Antonia: Wie war denn das Treffen? Ich habe dich das oft gefragt.

Edgar: Es war nur kurz, in Cornwall. Die Prydes haben ihnen ihr Ferienhaus angeboten, aber ich glaube, es war für sie besser erst einmal nach London zurückzukehren, damit sie dort Arbeit finden konnten.

St. Mawes, 21. VI. 1939

Liebe Mama!

Ich merke jetzt, dass ich auf jeden Fall neue Flanellhosen brauche, meine alten, die ich hier jeden Tag und auch am Strand trage, reichen nicht mehr. Um am Strand zu sein wären sandals (Sandalen) besser als immer die braunen Schuhe zu tragen.

Jennifer hat Anfang Mai Geburtstag und ich hätte gern ein Geschenk für sie. Sie ist fünf Jahre alt, aber sie spielt <u>nicht</u> sehr viel mit Puppen. Vielleicht fällt Dir irgendwas ein und Du kannst es mitbringen.

1000 Küsse, euer
B.

Long Lodge,
St. Mawes,
Cornwall,
6. August.

Liebe Eltern,

Ich habe schon lange nicht geschrieben. Ich bin jetzt bei den Prydes, aber sie haben dieses Wochenende Besuch und so schlafe ich für zwei Nächte bei den Dysons.

Ich habe in meinem alten Buch ungefähr 36 Kapitel griechisch gemacht und ein paar in dem, was ihr mir in London gekauft habt. In Französisch bin ich bei Kapitel 15 in dem von Winchester empfohlenen Buch, habe noch eine andere

Long Lodge,
St. Mawes,
Cornwall,
August, 6th

Dear Parents,

I have not written for a long time. I am now with the Prydes, but they are having guest this weekend, and so I am sleeping at the Dysons for 2 nights. I

I have done about 36 chapters Greek in my old book, and a few in the one you bought in London. In French I am at Chapter 15 in the book recommended by Winchester, have got another Grammar and also a Linguaphone, that is a gramophone with 30 records (a complete course) and books. This Linguaphone was gi ven to me by Dr. Fyne, the former Doctor of St. Ives. So you see I am very well equipped.

In the history Dr. Bryde dictates me every day. I have got a big book in which I write everything very neatly. We finished with Henry VIII. now. That book is really a great help.

I have been out sailing with the Phibbs', several times. She is a lovely boat.

It would be nice if you could make a dress for Jennifer. She is 43½ inches tall from foot to top of the head (appr. 110½ cm) and quite slim.

1000 kiss

B.

Grammatik und auch ein Linguaphon, das ist ein Grammophon mit 30 Platten (ein kompletter Kurs) und Bücher. Das Linguaphon bekam ich von Doktor Kyne, der vorige Arzt von St. Mawes. Also Ihr seht, ich bin sehr gut ausgerüstet.

In Geschichte diktiert mir Doktor Pryde jeden Tag. Ich habe ein dickes Buch, in das ich alles sehr sauber hinein schreibe. Wir sind mit Henry VIII. jetzt durch. Das Buch ist wirklich eine große Hilfe.

Ich war mehrmals mit den Phipps draußen zum Segeln. Es ist ein wunderbares Boot.

Es wäre sehr schön, wenn Du ein Kleid für Jennifer machen könntest. Sie ist von den Füßen bis oben zu ihrem Kopf 43 1/2 Inches (ungefähr 100 1/2 cm) groß und ziemlich dünn.

1000 Küsse.
B.

Dr. Pryde diktierte mir die vollständige Geschichte Englands, angefangen von der Zeit der Sachsen, in ein schwarzes Notizbuch, das ich heute noch habe. Die Erwachsenen haben mir alle geholfen, mich umfassend auf das College in Winchester vorzubereiten.

St. Mawes, 9. 8. 39.

Liebe Eltern,

ich hoffe, Ihr habt meinen Brief von letzten Sonntag bekommen, ich hatte vergessen eine Briefmarke drauf zu machen. Gestern waren wir mit Comm. Phibbs segeln. Dr. Dyson hat gestern wegen Dir an Heinemann geschrieben, vielleicht erreicht er was. Habt Ihr etwas in Winchester gefunden? Bitte schreibt mir alles, also ob Ihr meinen Brief bekommen habt. St. Mawes ist im Moment voll von Urlaubern. Comm. Phibbs ist am Samstag von Bord gefallen, keine Verletzungen. B.

In der berühmten alten Schule Winchester College, wo ich mithilfe von Beryl Dyson und Lord Arran für September 1939 angenommen worden war, musizierte ich, spielte nicht sehr erfolgreich Cricket und wanderte über die schönen Wiesen entlang des Flusses Itchen.

Viele der Väter meiner Klassenkameraden dienten in der Armee. Die Jungen waren sich zunehmend sicher, dass die Alliierten den Krieg gewinnen würden.

Meine Eltern mieteten ein Haus in Winchester und wohnten so in meiner Nähe.

St. Mawes, 9th 8. 39.

Dear Parents,

I hope you got my letter from last Sunday, I had forgot to put a stamp on. Yesterday we went out sailing with Comm. Phibbs. Dr. Byron wrote yesterday to Heinemann for you, perhaps he is successful. Have you found anything in Winchester? Please write me everything, also wether you have got my letter. St. Mawes is full of holiday-makers at present. Comm. Phibbs fell overboard on Saturday, no injuries. B.

POST  CARD

Dr. Ludwig Feuchtwanger
  25 Carlton Hill
    St. John's Wood
      London N.W.8.

Aber im Mai 1940 wurden sie wie andere als ‚feindliche Ausländer' von der Küste verbannt und mussten nach Hampstead in London ziehen, wo viele Emigranten aus Deutschland lebten.

Weil die Briten befürchteten, unter den Flüchtlingen könnten Spione sein, wurde mein Vater im Mai 1940 zusammen mit etwa 10.000 Flüchtlingen und einigen Nazi-Sympathisanten aus Deutschland und Österreich auf der Isle of Man interniert. Im Lager organisierten die Häftlinge Vorträge, Konzerte und andere kulturelle Veranstaltungen. Mein Vater war Lagerbibliothekar und für 700 Bücher verantwortlich. Nach der Entlassung aus dem Internierungslager wohnten mein Vater und meine Mutter noch eine Zeitlang in London. In den Sommerferien wohnte ich dort. So erlebte ich dort den Blitz, wie die Briten die Bombardierung Londons nennen, der am 7. September 1940 begann. Von den Hügeln Hampsteads aus konnte ich die Explosionen und den roten Himmel über den brennenden Docks im East End sehen. Noch vor Beginn des Herbstsemesters kehrte ich nach Winchester zurück, weil die Schule früher wieder geöffnet wurde, damit die Jungen der Bombardierung Londons entkommen konnten.

Eines Tages erzählte uns General Montgomery, Vater eines Schülers, wie er in Nordafrika entscheidende Schlachten gegen Rommel geschlagen hatte und dass sich der Krieg gegen die Deutschen in Afrika wendete. Ich war voller Hoffnung, dass die Deutschen besiegt werden würden und so der Krieg enden würde.

Sieben Geschwister meines Vaters waren in Sicherheit, in Palästina, in den USA, sogar in Kolumbien und Kuba – obwohl wir später erfuhren, dass viele aus der Verwandtschaft nicht entkommen waren. Auch Tante Bella nicht.

Ich habe England lieben gelernt, die Menschen, die sich mit mir angefreundet und mich unterstützt hatten, wie Beryl und Malcolm Dyson und ihre Kinder, die Phibbs, die Prydes, mein Freund Philip an der Schule. Auch die Landschaften von Cornwall und Hampshire und die einzigartige Geschichte des Landes, die mich dazu lockte, Historiker zu werden. Ich bin immer und zutiefst dankbar, dass ich in dieses Land gekommen bin.

Bella Feuchtwanger

Bella Feuchtwanger, die zwischen ihren beiden Brüdern Martin und Lion auf einem Familienfoto der neun Geschwister zu sehen ist, arbeitete zehn Jahre als Redakteurin und Journalistin in Halle an der Saale in Martins Fünf-Türme-Verlag, in einer Zeit, in der dies für Frauen ungewöhnlich war. Sie hatte ihre eigene Wohnung in der Geiststraße 1 und musste wie alle Angestellten Martins, Samstag morgens und einmal im Monat bis nachts um zwölf oder ein Uhr arbeiten.

Der Korrespondenz-Verlag, benannt nach den fünf Türmen der Stadt, verkaufte Artikel und Romane an mehr als sechshundert Zeitungen in Deutschland und im Ausland. Martin erinnerte sich in seiner Autobiographie[1] daran, dass Bella ihn gewarnt habe, er arbeite so viel, dass er sich von den Menschen zu weit entfernt habe. Später bedauerte er, nicht auf sie gehört zu haben.

1933, kurz nach der Machtergreifung der Nationalsozialisten durchwühlte ein Trupp, vermutlich von SA-Männern, Bellas Wohnung, unter dem Vorwand ein geheimes Waffenlager zu suchen. Sie fanden einen Säbel an der Wand und beschuldigten sie des Diebstahls, obwohl es ein preußischer Ehrensäbel ihres Großvaters Elkan Feuchtwanger für Verdienste um das bayerische Volk im Jahre 1866 war. Sie konfiszierten den Säbel.

Martin Feuchtwanger musste fliehen, er ging nach Prag. Er wurde gezwungen, seinen Fünf-Türme-Verlag an einen von Goebbels unterstützten Reichswehroffizier zu verkaufen[2]. Der Erlös wurde auf ein Sperrkonto in Deutschland eingezahlt, zu dem Martin Feuchtwanger keinen Zugang hatte. Seine Frau und ihre Schwester, sowie sein Anwalt mussten die Büros in Halle auflösen. Zuletzt wurde Martin Feuchtwanger die deutsche Staatsbürgerschaft entzogen.

---

[1] Zukunft ist ein blindes Spiel. Erinnerungen, München 1989.
[2] Maximilian Klieber, der in Berlin den Aufwärts-Verlag hatte, der nach dem Krieg noch bestand. Aus: Ilse Hoppe: Erinnerungen an den Korrespondenzverlag Martin Feuchtwanger in: 300 Jahre Juden in Halle, hrsg. von der Jüdischen Gemeinde zu Halle, 1992. S. 469.

In Prag gründete er einen neuen Verlag, in dem Bella wieder arbeitete. Sie hatte durch die Ehe mit dem tschechischen Rabbi Traubkatz – in der Familie wird vermutet, es sei eine Scheinehe gewesen – einen tschechischen Pass bekommen. Mein Vater Edgar erinnert sich, wie stolz Bella auf diesen Pass war, der ihr die Freiheit gab, zwischen Deutschland und der Tschechoslowakei hin- und herzureisen. Sie konnte in Prag als selbständige moderne Frau leben. Einige von Edgars weiblichen Verwandten hatten eine Berufsausbildung. Rahel Straus zum Beispiel war die erste Frau ihrer Familie, die das Gymnasium abschloss, anschließend studierte sie Medizin und eröffnete später eine eigene Praxis. Sie war die erste niedergelassene Ärztin einer deutschen Universität. Oder Rebekka Feuchtwanger-Gluskinos, die unter dem Namen Rhea Glus eine berühmte Tanzschule in München-Schwabing gegründet hatte. Oder Bellas Schwester Henny Reich, die später die erste Yogalehrerin Israels wurde. Es war aber Bella, die lustige, liebevolle Bella, die mir gezeigt hatte, was Frauen können.

Aber sie blieb zu lange in Prag.

In der demokratischen Tschechoslowakei von Masaryk und Benesch erfuhr Martin keinen Antisemitismus. Aber nachdem im März 1939 die deutsche Wehrmacht einmarschiert, das Land besetzt und die Nationalsozialisten es zum „Protektorat Böhmen und Mähren" erklärt hatten, wurde es gefährlich. Martin wurde im Petschek-Palais sieben Stunden lang von Gestapomännern verhört, geschlagen und mit dem Tode bedroht, man zwang ihn, ein Dokument zu unterzeichnen, dass er das Land verlassen würde. Er sollte die nächste Möglichkeit der Ausreise in Richtung Palästina nehmen.

Nachdem er aus dem Palais entlassen worden war, floh er mit der Hilfe seiner Köchin Mizzi Schnoflak und ihrer Schwester Therese nach Hlubocepy bei Prag, wo er sich eine Weile verstecken konnte. Wie er sich später in seiner Autobiografie erinnerte, habe Bella ihm unter Tränen versprochen, sie werde den Verlag auflösen und dann nachkommen.

Die Flucht nach Palästina war illegal und sehr gefährlich. Im Juli 1939 bekamen Ludwig und Erna einen Brief von Bella. Sie war immer noch in Prag, aber jetzt ohne ihren Bruder. Sie schrieb, sie wisse nicht, wo Martin sei. Hatte sein altes, überladenes Schiffe im Mittelmeer unter falscher Flagge von Panama, auf dem er ohne Papiere reiste, Palästina erreicht?

Niemand wusste es. Sie schrieb, sie habe seit dem 25. Mai nichts von ihrem Bruder gehört.

Ob Ludschi auch gehört habe, dass Martin auf einer griechischen Insel sei? Und für sich selbst fragte sie, ob er und Erna für sie die Erlaubnis bekommen könnten, in England einzureisen?

Bella, die immer so stolz darauf war, dass sie ihr eigenes Geld verdiente, hatte seit dem 1. Mai nicht gearbeitet, schrieb sie. Trotzdem glaubte sie, in Prag noch ihren Lebensunterhalt verdienen zu können und deshalb bleiben zu sollen. So lange wie es ging, schrieb sie, da sie hier ein Auskommen habe.

Bella Traubkatz Prag, 15. Juli 39
Prag-Barrandov,
Pod Habrovou 159

Liebe Geschwister, heute erfuhr ich von Fritz Eure Adresse. Wie ich höre, akklimatisiert Ihr Euch dort. Es würde mich sehr interessieren, wie es Euch geht, was Ihr tut und vor allem: wie geht es Bürschi? Wegen M. sind wir in der allergrößten Sorge; er ist hier am 30. April weggefahren und wir sind seit dem 25. Mai völlig ohne Nachricht von ihm. Ich stehe mit Medi, Henny und Jakob in Verbindung, aber auch sie können nichts definitives erfahren. Hier schwirren über diesen Transport alle möglichen Gerüchte; aber was Positives ist nicht zu erfahren; du, l. Ludschi, hast gehört, M. sei auf einer griechischen Insel? Auch diese Version kam uns schon zu Ohren; bitte schreibe gleich, was du weißt. Wir sind in der größten Unruhe. Ich wohne seit M's Abreise bei Anna. Sie hat einen sehr gut gehenden Betrieb. Ich bin seit dem 1. Mai nicht mehr tätig

Daß Franziska in Montevideo nicht hereingelassen wurde, habt Ihr wohl gehört; sie wurden dann nach Chile abgeschoben; seitdem habe ich nichts mehr gehört: Setzt Euch doch mal mit Lewandowskis dort ins Benehmen. (Diese Verbindung kann Euch vielleicht auch von Nutzen sein). Sie hätten in London eine gut gehende Schokoladenfabrik. Fritz schreibt ganz vergnügt von seinem Seebad [unleserl.]. Von Buwi habe ich schon länger nichts gehört. – – Ich bleibe vorläufig hier; die in Pal. bemühen sich ja für mich um ein Zertifikat, aber ich glaube, bis März 40 ist die Einwanderung gesperrt. Wenn wir nur erst von M. Nachricht hätten! Auf diese Art wie M. möchte ich keinesfalls weg. Jakob rät mir, bei dir, l. Ludschi, anzufragen, ob du die Möglichkeit hättest, dort für mich eventuell für 1 Jahr die Aufenthaltsbewilligung zu bekommen? Solange wie es geht, will ich hier bleiben, da ich hier mein Auskommen habe. Bitte beantwortet meinen Brief umgehend; bitte nicht liegen lassen; wenn Ludschi nicht zu bewegen ist, ich kenne doch meine brüderliche Liebe, dann, bitte, schreibe du, l. Erna. Bitte Silbermanns zu grüßen. Recht herzliche Grüße, alles Gute!

Eure
Bella

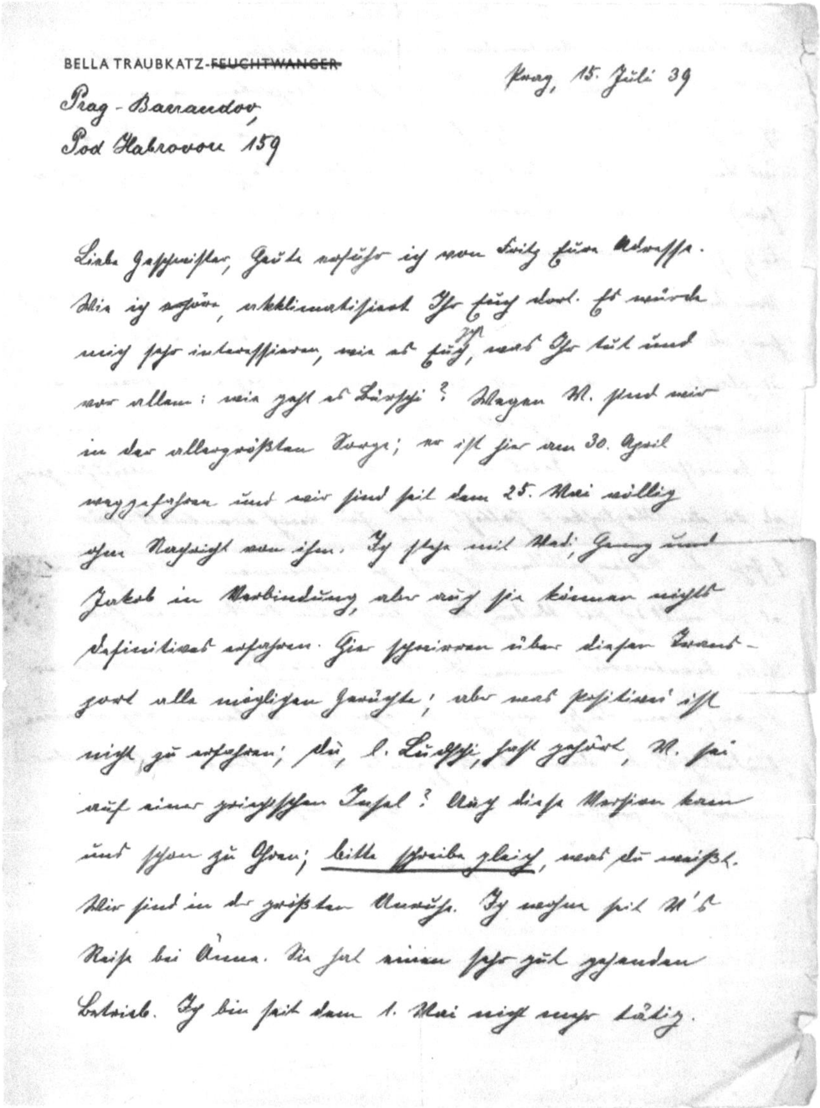

BELLA TRAUBKATZ-~~FEUCHTWANGER~~

Prag-Barrandov,
Pod Habrovou 159

Prag, 15. Juli 39

[Handwritten letter content — largely illegible cursive German script] daß Sonnzitter in Montevideo nicht freigelassen wurde, habt Ihr wohl gehört; sie wurden dann nach Chile abgeschoben; seitdem habe ich nichts mehr gehört. Setzt sich doch mal mit Langnesestraße dort ins Benehmen. (Diese Verbindung kann Euch vielleicht auch von Nutzen sein). Die hatten in Luzern eine Zeit gesandt Schokoladenfabrik. Seitz schreibt jedoch gar nicht von seinem Bruder zweifelhaft. Von Lissi habe ich schon länger nichts gehört. - - Ich bleibe vorläufig hier; die in Port. beweisen sich ja für mich wie ein Zankapfel, aber ich glaube, bis März 40 ist die Einwanderung gesperrt. Wenn wir nur erst von M. Nachricht hätten! Auf diese Art von M. möchte ich keinesfalls weg. Jakob nicht mir, bei dir, l. Lisff. nachzufragen, ob dir die Möglichkeit gäbest, dort für mich eventuell für 1 Jahr die Aufenthaltsbewilligung zu bekommen? Vorerst aber jetzt, will ich hier bleiben, da ich hier mein Auskommen habe. Bitte beantworte wohl meinen Brief umgehend; bitte nicht liegen lassen; wenn Lisffi nicht zu besorgen ist, ich kenne dich meine brüderliche Liebe, dann, bitte, schreibe die, l. fama. Bitte Silber mannt zu grüßen. Recht herzliche Grüße alles Gute!

Eure

Lally.

Ludwig und Erna versuchten, für sie eine Einreise in England zu ermöglichen.

Martin erreichte endlich Palästina und war glücklich wiedervereint mit seinen Schwestern Henny und Medi, die vor langer Zeit dorthin geflohen waren.

Aber Bella zögerte. Ob sie glaubte, sie sei sicherer in Prag als auf einem maroden Schiff auf dem Mittelmeer?

Wir wissen nur, dass in tschechischen Polizeiakten ein Bericht existiert, dass sie am 30. Juli 1940 von der Gestapo mitgenommen wurde. Und dass sie am 25. Juli versucht hatte, ihr Leben zu beenden. Sie überlebte und später hörten meine Eltern, dass sie ins KZ Theresienstadt deportiert worden war.

Alle Bemühungen, ihr ein britisches Visum zu verschaffen, waren vergeblich.

Theresienstadt war eine Sammel- und Zwischenstation für die Deportation in das Vernichtungslager Auschwitz. Auch Bella wurde deportiert und starb am 12. September 1943 in Auschwitz.

Die lustige, fröhliche Bella hätte sich sehr gefreut, dass Bürschi in einem fremden Land auf die Beine kam und ihm sein neues Leben gefiel. Sie hätte sich in England leicht einleben und als moderne, unabhängige Frau ihr Leben gestalten können.

Ihr Name steht auf der Wand der Pinkas-Synagoge in Prag, wo alle Namen der 77.297 Juden stehen, die aus der Tschechoslowakei deportiert wurden. Ihr Name steht auch auf einem Stolperstein in Halle, wo sie so stolz und fleißig als Journalistin und Redakteurin gearbeitet hatte.

Personenregister

Anna – im Brief von Bella – unbekannt

Benes, Edvard (1884–1948) – Präsident der Tschechoslowakei 1935–8, 1939–48 (teilweise im Exil)

Ben Dor, Martha (Medi) (1897–1960), geb. Feuchtwanger, verheiratet mit Hans Ben Dor (1894–1974)

Lord Arran = Gore, Arthur (1910–1983) – Sechster Graf von Arran, Nachbar des Dysons in St Mawes.

Buwi – unbekannt

Tante Clem und Onkel Max – Max Krämer (1863–1939) und Clementine Krämer (1873–1942), Frauenrechtlerin, Vorstandsmitglied des Jüdischen Frauenbunds – Freunde der Familie

Diamant, Franziska, geb. Feuchtwanger (1890–1946). Fünftes Kind und erste Tochter von Siegmund und Johanna Feuchtwanger, Edgars Tante in Berlin, mit Eduard Diamant verheiratet.

Dyson:

Beryl, (1906–1955), geb. Gruchy, Anwältin, Mathematikerin, Hausfrau, Ehefrau von Malcolm Dyson

Malcolm, (1903–1975), Arzt in St Mawes, Ehemann von Beryl Dyson

Jennifer, (1934–?), Tochter

Julian (1936–2003), Sohn, Zahnarzt und Maler

Feuchtwanger:

Elkan, (1823–1902), Gründer der Margarinefabrik in München-Haidhausen, Soldat im Preußisch-Österreichischen Krieg.

Sigmund (1854–1916) und Johanna, geb. Bodenheimer, (1864–1926), Edgars Großeltern

Ihre Kinder:

Lion (1884–1958), Autor von u. a. *Jud Süß, Erfolg, Die Geschwister Oppermann*, wird heute als erster großer antifaschistischer Roman erachtet.

Ludwig (1885–1947), Autor, u. a. von *Der Gang der Juden durch die Weltgeschichte* – Verleger des Verlags Duncker & Humblot, Redakteur der Bayerischen Israelitischen Gemeindezeitung – Edgars Vater

Martin (1886–1952), Verleger, Kriegsgefangener im Ersten Weltkrieg und Autor

Fritz (1888–1956), Leiter der Margarinefabrik bis zur Enteignung durch die NSDAP

Franziska → Diamant

Bella → Traubkatz

Berthold (1896–1944), Kaufmann, Soldat mit Eisernem Kreuz II. und I. Klasse, und Mitglied in der Jugendmannschaft des FC Bayern, bis zur Flucht 1934 im Widerstand gegen das Naziregime.

Henriette (Henny) → Reich

Marta (Medi) → Ben Dor

Feuchtwanger-Gluskinos, Rebekka (1888–1972), unter dem Namen Rhea Glus Gründerin einer bekannten Tanzschule in München-Schwabing.

Gelaß, Max (1867–1942), Kaufmann, seit 1924 Nachbar der Feuchtwangers in der Grillparzerstr. 38. Ermordet in Treblinka.

Grau, Wilhelm (1910–2000), Historiker, der sich der Forschungen des jüdischen Historikers Raphael Straus (1887–1947), der 1933 aus Deutschland fliehen musste, bediente und sie im antisemitischen Sinne umdeutete. Nationalsozialistischer Funktionär.

Haas, Alfred, (1878–1978), war ein deutscher Chirurg und Gründer eines Krankenhauses in München. Konnte 1938 mit seiner Familie aus Deutschland nach New York City fliehen.

Hahn, Kurt (1886–1974), gründete mit Prinz Max von Baden, die Schule Schloss Salem, Gordonstoun in Schottland und Atlantic College in Wales, das erste der United World Colleges.

Dr. Kyne, früherer Hausarzt in der Gegend um St. Mawes

Lewandowski, Hermann (1875–1950), Gründer und mit David Diamant Besitzer (Bruder von Eduard Diamant, Ehemann von Franziska Feuchtwanger) der Venetia Schokoladenfabrik, Berlin.

Masaryk, Tomas (1850–1937), erster Präsident der Tschechoslowakei, 1918–1935

Field Marshal Lord Montgomery of El-Alamein, Bernard (1887–1976), einer der erfolgreichsten britischen Kommandeure im Zweiten Weltkrieg.

Phibbs, Bertram Owen Frederick (1875–1952), Commander, Lieutenant Royal Navy, wurde 1897 nach der Teilnahme an der britischen Benin Strafexpedition befördert.

Phibbs, Dorothy Aileen, geb. Humphrey (1895–1991), Ehefrau von B. Phibbs

Philip – Sir Philip Mansfield (1926–2003), Diplomat, Schulfreund von Edgar in Winchester. Taufpate von Antonia Cox und Britischer Botschafter in Den Haag.

Pollak, Ingrid (*1927), kam mit einem Kindertransport nach Großbritannien, Autorin

Prinz, Regina Dr., Leiterin der Provenienzforschung beim Münchner Stadtmuseum

Pryde, George Smith (1899–1961), Professor schottischer Geschichte und Literatur, Glasgow

Pryde, Florence, Ehefrau von George Pryde

Reich, Henny (1892–1979), erste Yogalehrerin Israels

Reich, Jakob (1885–1961), Ehemann von Edgars Tante Henny und Gründer des *Gesamtauschusses der Ostjuden.*

Rheinstrom, Heinrich (1884–1960), Steueranwalt, Vorstandsmitglied verschiedener Firmen und Rechtswissenschaftler. Soldat im Ersten Weltkrieg.

Rheinstrom, Lina Karolina, geb. Straus (1861–1936), Mutter von Erna Feuchtwanger

Scharff, Trude, Bekannte von Ludwig und Erna Feuchtwanger

Dr. Schnitzler – unbekannt

Schnoflak, Mizzi, Köchin, und Schnoflak, Therese, Mizzis Schwester, versteckten Martin Feuchtwanger nach dem Verhör durch die Gestapo.

Schmitt, Carl (1888–1985), totalitär eingestellter Jurist und Verfechter des Naziregimes; bis 1933 mit Ludwig Feuchtwanger befreundet

Siegel, Beate; Bea Green (*1925), Tochter des Anwalts Michael Siegel; kam im Juni 1939 mit einem Kindertransport nach England.

Siegel, Hans-Peter (später: H. Peter Sinclair) (1921–2010), Bruder von Beate Siegel.

Siegel, Dr. Michael (1882–1979), Rechtsanwalt. Im September 1940 mit seiner Frau Flucht mit der transsibirischen Eisenbahn über Sibirien und China nach Peru, wo er später als Rabbi in Lima diente.

Siegel, Mathilde, geb. Waldner (1893–1970), Ehefrau von Michael Siegel

Singer, Charles (1876–1960), britischer Professor für Medizingeschichte, Wissenschafts- und Medizinhistoriker und mit seiner Frau in der *Society for the Protection of Science and Learning* zur Unterstützung von Flüchtlingen.

Singer, Dorothea Waley geb. Cohen (1882–1964), Paläografin, Wissenschafts- und Medizinhistorikerin

Straus, Rahel (1880–1963), Ärztin und in jüdischen Frauenorganisationen tätig. Erste Frau in der Familie, die ein Universitätsstudium abschloss.

Traubkatz, Bella (1891–1943), Journalistin und Autorin, Schwester von Ludwig Feuchtwanger

Traubkatz, Arpad, Rabbi, Bellas Ex-Mann, lebte ab 1939 in Palästina

W., Günter – unbekannt

Weiner, Lieselotte, geb. Cambensi, Nachbarin in der Grillparzerstr. 38, 2. Stock. nach den rassistischen Nürnberger Gesetzen von 1936 als jüdischer Mischling 1. Grades eingestuft. Traurig, dass ihr Halbbruder Werner Lipcowitz (1924–1941) von München nach Kaunas verschleppt und dort ermordet wurde.

Whiley, Goldlackhersteller in London und Musikliebhaber. Edgar kannte ihn und seine Frau nur als Mr. und Mrs. Whiley.

Abbildungen

Briefe und Dokumente: privat

Silberlöffel: © Münchner Stadtmuseum, Sammlung Angewandte Kunst, Foto: P. Fliegauf, E. Jank

Michael Siegel: von Wikimedia: Bundesarchiv_Bild_183-R99542,_München,_Judenverfolgung,_Michael_Siegel.jpg

Gemälde der Eltern von Julian Dyson: Der Rechteinhaber an diesem Bild konnte, auch von der Galerie, nicht ermittelt werden (https://www.mutualart.com/Artwork/Mother-and-Father/8741040F6FE0E6CD).

Vitae

Antonia Cox studierte Philosophie und Geschichte an der Universität Cambridge. Sie arbeitete als Leitartiklerin beim Daily Telegraph und Evening Standard und als politische Beraterin. Sie ist Vorstandsmitglied der South Downs National Park Authority und hat mit ihrem Ehemann Simon Cox drei Söhne.

Dr. Edgar Feuchtwanger, OBE, geboren 1924 in München, ist Historiker und als Autor bekannt für *From Weimar to Hitler: Germany, 1918–33* (Zweite Auflage, 1995) und *Bismarck. Eine politische Geschichte* (Zweite Auflage, 2014), sowie für seine Biographien über Disraeli und Gladstone sowie für *Democracy and Empire, 1865–1914* (1985). 2002 erhielt er das Bundesverdienstkreuz und 2021 den Officer of the Order of the British Empire. 2010 erschien seine Autobiographie *Erlebnis und Geschichte*, mit Bertil Scali schrieb er 2012 *Hitler, mon voisin*, eine Romanfassung seiner Kindheit, die in viele Sprachen übersetzt wurde. Mit seiner Frau Primrose († 2012) hat er zwei Töchter, Antonia und Judith, und einen Sohn, Dr. Adrian Feuchtwanger.

Anja Tuckermann, Schriftstellerin und Journalistin, wurde für ihre Bücher und Theaterstücke vielfach ausgezeichnet, u. a. für *Denk nicht, wir bleiben hier*; *Mano. Der Junge, der nicht wusste, wo er war* und *Muscha* über Sinti im Nationalsozialismus. Über die deutsche Diktatur schrieb sie außerdem die Sachbücher *Ein Volk, ein Reich, ein Trümmerhaufen* und *Wir schweigen nicht. Der Weg der Weißen Rose und der Geschwister Scholl in den Widerstand*. Ihre Bücher sind in 15 Sprachen übersetzt.

Im September 2023 besuchte sie Edgar Feuchtwanger nach seinem 99. Geburtstag in England.

Der Autor, die Autorin und die Herausgeberin danken:

Dr. Adrian Feuchtwanger, Joachim Friedl vom Stadtarchiv München, Uta Hartmann-Beth, Prof. Munro Price, Dr. Regina Prinz vom Stadtmuseum München, Andreas Sinakowski sowie Lieselotte Weiner, geb. Cambensi, und ihrer Nichte Cathrin Cambensi.

Malcolm und Beryl Dyson, gemalt von ihrem Sohn Julian Dyson
Öl auf Leinwand

Edgar Feuchtwanger

Disraeli

Eine politische Biographie
Aus dem Englischen von Axel Walter

Es war der größte Triumph des Liberalismus im 19. Jahrhundert, dass Benjamin Disraeli auf dem Höhepunkt des britischen Empires Premierminister werden konnte. Der getaufte Sohn eines jüdischen Literaten verbrachte seine Jugend am unteren Rand der vorviktorianischen aristokratischen Gesellschaft und machte durch skandalöse Liebschaften von sich reden. Hoch verschuldet, vermochte ihn nur seine Wahl zum Unterhausmitglied vor dem Gefängnis zu bewahren. Seine schriftstellerische Begabung verschaffte ihm die Wortgewandtheit, mit der er Zugang zur Macht gewann. Die noch vom Landadel beherrschte konservative Partei musste ihn schließlich als Führer anerkennen. Als Premierminister stand er in einem »ritterlichen«, fast romantischen Verhältnis zur verwitweten Königin Viktoria, das ihm auch in politischer Hinsicht von großem Nutzen war. Seine prägnanten Formulierungen – etwa die von den zwei Nationen: die Nation der Reichen und die der Armen, in die England auseinanderfalle – werden bis heute zitiert und man schätzt ihn als den Staatsmann, der eine konservativ eingestellte, wahlberechtigte Masse antizipierte.

235 Seiten, 2012
ISBN 978-3-428-13156-3, € 29,90
Titel auch als E-Book erhältlich.

 www.duncker-humblot.de